1

Team Deutsch

Deutsch für Jugendliche

Lehrerhandbuch

Juliane Thurnher • Aleksandra Kubicka (Tests)

Ernst Klett Sprachen
Stuttgart

Das Symbol

gibt zusätzliche Tipps und Hinweise

bietet Alternativen zu einer Übung

liefert landeskundliche Hintergrundinformationen

steht für Spielideen

Abkürzungen

KB Kursbuch
AB Arbeitsbuch
MG Meine Grammatik
MW Mein Wortschatz
L Lehrer / Lehrerin
S Schüler / Schülerin

Team Deutsch Kursbuch 1 und Arbeitsbuch 1 wurden erstellt von Ursula Esterl, Elke Körner, Ágnes Einhorn, Aleksandra Kubicka und Eva-Maria Jenkins-Krumm (Grammatik, Meilensteine).

1. Auflage 1 5 4 | 2015 2014

Alle Drucke dieser Auflage können nebeneinander benutzt werden, sie sind untereinander unverändert. Die letzte Zahl bezeichnet das Jahr des Druckes.

Internet: www.klett.de

Projektteam: Enikő Rabl, Renate Weber, Eva-Maria Jenkins-Krumm
Redaktion: Enikő Rabl, Renate Weber
Redaktionelle Mitarbeit: Juliane Aanen
Layoutkonzeption: Katja Schüch
Zeichnungen: Paweł Miedziński, Poznań
Satz: Regina Krawatzki, Stuttgart
Druck: Digitaldruck Tebben, Biessenhofen • Printed in Germany

ISBN: 978-3-12-675942-7

9 783126 759427

Inhalt

Einführung

Was ist Team Deutsch?

Team Deutsch richtet sich an jugendliche Anfänger ab 12, 13 Jahren, die Deutsch lernen. Lernziele und Progression von Team Deutsch entsprechen dem Gemeinsamen europäischen Referenzrahmen (GeR) und internationalen Prüfungen wie Fit in Deutsch 1 und 2 , KID 1 und 2 oder Zertifikat Deutsch für Jugendliche. Jeder Einzelband des dreibändigen Lehrwerks wurde für ein Schuljahr mit rund 100-120 Unterrichtsstunden konzipiert.
Das methodisch-didaktische Konzept von Team Deutsch basiert auf den Leitlinien des kommunikativen und handlungsorientierten Fremdsprachenunterrichts. Es verfolgt mit der gezielten Entwicklung von Lernstrategien und Lernerautonomie einen emanzipatorischen Ansatz und fördert durch kooperative Lernformen soziale Kompetenz.

Team Deutsch 1 und seine Komponenten

Kursbuch 1

Einstieg: Die Landkarte (S. 6-7) zeigt die drei deutschsprachigen Länder mit allen Haupt- und Großstädten sowie Symbolen für repräsentative DACH-Merkmale. Passende Übungen regen dazu an, das Landeskundewissen der Schüler über Deutschland, Österreich und die Schweiz sowie persönliche Erfahrungen zusammenzutragen.

Lektionen: Die zwölf Lektionen sind übersichtlich aufgebaut und jeweils in drei Einheiten mit Zwischenüberschriften unterteilt. Jede Lektion besteht aus acht Seiten.
Die *Einstiegsseite* dient als Einleitung in das Lektionsthema. Schauplätze und/oder Protagonisten der Lektion werden mit Fotos und Hörtexten vorgestellt, erste Wörter zum Thema eingeführt. Die Lernzielboxen geben Auskunft über die Lektionsziele und fassen die dafür notwendigen Lernschritte zusammen.
Auf drei *Doppelseiten* wird jeweils ein bestimmter Aspekt des Lektionsthemas präsentiert. Am rechten Rand jeder Doppelseite befindet sich eine Spalte (*Baukasten*), die nach dem „Baukastenprinzip" den neuen sprachlichen Stoff zusammenfasst und den Lernenden als Verstehenshilfe und Lernstütze dient. In Form von Sprachbausteinen werden Grammatik und Lexik präsentiert, die in den entsprechenden Aufgaben aktiv verwendet werden. Die schrittweise Festigung und Vertiefung des neuen Lernstoffes findet im Arbeitsbuch statt. Jede Lektion enthält zudem eine in den Lektionskontext integrierte Ausspracheübung (*Sprechtraining*).
Das fakultative Angebot der *Ausstiegsseite* am Ende der Lektion (*Im Team*) regt dazu an, in gemeinsamen Aktivitäten wie Projekten, Spielen, Liedern, Gedichten, Umfragen etc. das neu Gelernte anzuwenden.
Der spielerische, kreative Umgang mit der Sprache vermittelt neben Spaß am Deutschlernen auch die Förderung von Teamgeist und sozialem Lernen in der Klasse und bietet Möglichkeiten der Binnendifferenzierung.

Fertigkeitstraining: Am Ende des Bandes sind zusätzlich zwei zusammenfassende Trainingseinheiten zu finden: Fertigkeitstraining 1 wiederholt den Stoff der Lektionen 1-6, Fertigkeitstraining 2 kann nach Lektion 12 eingesetzt werden. Die zwei Blöcke bieten je eine Seite mit lektionsübergreifenden Übungen zu den Fertigkeiten Lesen, Hören, Sprechen und Schreiben und dienen der Bewusstmachung von Lernstrategien durch Tipps, die für Jugendliche ansprechend formuliert sind. Diese Trainingseinheiten sind nicht als Tests gedacht, vielmehr soll das Gelernte zusammengeführt und gefestigt werden.
Das Fertigkeitstraining bereitet die Lernenden nochmals gezielt auf die Prüfungen Fit in Deutsch und KID vor.

Grammatik im Überblick: Die vierzehn Seiten geben einen systematischen Überblick der in Team Deutsch erarbeiteten Grammatik.

Wortlisten im Anhang: Die lektionsbegleitende Wortliste enthält den aktiv zu lernenden Wortschatz.
Das alphabetische Wörterverzeichnis umfasst alle Wörter aus Team Deutsch 1 mit Angabe des ersten Vorkommens der einzelnen Ausdrücke.

Arbeitsbuch 1

Kursbuch und Arbeitsbuch sind durch Verweise eng miteinander verschränkt. Jedem neuen Sprachphänomen im *Baukasten* sind Übungen im Arbeitsbuch zugewiesen. Umgekehrt sind den Übungen im Arbeitsbuch Aufgaben des Kursbuchs zugeordnet. Der konkrete Zusammenhang wird im Lehrerhandbuch genau beschrieben.

Einstieg: In die Landkarte (S. 4) zeichnen die Lernenden nach Erledigung der Aufgaben in den *Meilensteinen* die Reiseroute ein, die Fotos (S. 4-5) veranschaulichen die Etappen ihrer Erlebnisreise.

Lektionen: Die Lektionen bestehen aus acht bis zehn Seiten Übungen und einer Doppelseite für die Zusammenfassung der Lektionsgrammatik und -lexik (*Meine Grammatik, Mein Wortschatz*). Neben einer Vielzahl an kleinschrittigen Übungen zur Erarbeitung der Grammatik und Lexik enthält das Arbeitsbuch auch vertiefende Aufgaben zum Hören, Sprechen, Schreiben sowie zur Aussprache.

Meilensteine: Nach jeder zweiten Lektion gibt es eine Doppelseite zur spielerischen Wiederholung des Lernstoffes im Sinne der kommunikativen Lernziele der Lektionen: Die Lernenden überprüfen selbst, inwieweit sie im Rahmen der angegebenen Themen sprachlich handeln können (*Ich kann ...*). Dabei sammeln die Schüler „Meilen" für eine Reise durch Deutschland. Mithilfe des Lösungsschlüssels (S. 146) können die Schüler ihre Ergebnisse selbst auswerten und ihren Lernfortschritt auf der Landkarte (S. 4) visualisieren. Je nach Punktezahl gibt es kleine „Extratouren", die durch die Fotos (S. 5) veranschaulicht werden.

Audio-CD 1

Der Einsatz des Audiomaterials ist im Kurs- und Arbeitsbuch mit einem Piktogramm gekennzeichnet (ab Lektion 7 muss die zweite CD eingelegt werden, was durch die Zahl oben im Piktogramm angezeigt wird). Die CD enthält alle Übungen zum Hörverstehen, die Ausspracheübungen und einige Lieder.

Lehrerhandbuch 1

Leitfaden zu den Lektionen: Am Anfang jeder Lektion informiert eine tabellarische *Übersicht* über die Verteilung des Stoffes, die Lernziele und -inhalte. Es folgen kurze *Erklärungen* und unterrichtspraktische *Tipps* zu jeder Aufgabe im Kurs- und Arbeitsbuch. Die chronologische Struktur der Tabelle verdeutlicht die Verknüpfungen zwischen Kurs- und Arbeitsbuch. Alternativvorschläge, Spielideen, DACH-Infos und Hinweise auf den Einsatz der Zusatzmaterialien ermöglichen einen auf die konkrete Zielgruppe abgestimmten Unterricht (lernerzentrierter Ansatz).

Zusatzmaterialien: Das Lehrerhandbuch bietet zusätzlich zwei *Kopiervorlagen* für jede Lektion, in denen neben spielerischen Aktivitäten zur Festigung des Gelernten auch landeskundliche DACH-Materialien zur Unterrichtsergänzung angeboten werden.
Zu jeder Lektion gehört ein Test, in dem Lesen und Schreiben sowie die Sprachbausteine Grammatik und Lexik getestet werden. Des Weiteren findet man hier die *Transkriptionen* der Hörtexte und alle *Lösungen* zum Kursbuch, Arbeitsbuch und zu den Tests.

Portfolio

Das am Europäischen Sprachenportfolio des Europarates orientierte Team Deutsch Portfolio bietet Lernenden die Möglichkeit, den eigenen Lernprozess intensiv zu verfolgen und zu dokumentieren. Die Arbeit mit dem Portfolio regt dazu an, das eigene Sprachenlernen zu reflektieren und sich mit Methoden der Selbstevaluation vertraut zu machen.
In der *Sprachbiografie* steht die persönliche Sprachlerngeschichte im Vordergrund. Neben dem Erstellen eines Sprachenprofils enthält dieser Teil nach Fertigkeiten und Niveaus gegliederte Checklisten zur Selbsteinschätzung, die regelmäßig ausgefüllt werden können. Weiterhin werden die Lernenden dabei unterstützt, wesentliche Lerntechniken und -strategien anzuwenden sowie persönliche Lernziele zu benennen.
Im *Dossier* werden neben Kopien offizieller Sprachdokumente, wie Zertifikate u.Ä., vor

allem persönliche Sprachprodukte gesammelt. Neben diversen schriftlichen Arbeiten, wie E-Mails, Briefen, Gedichten usw., können das auch Ton- oder Videoaufzeichnungen sowie Projektergebnisse sein. Auch nicht selbst verfasste Texte, die die Lernenden dazu angeregt haben, sich mit der deutschen Sprache zu befassen, finden hier ihren Platz.
Der *Sprachenpass* gibt schließlich einen Überblick über die Sprachkenntnisse der Lernenden gemäß der Niveaustufen des GeR. Die Ergebnisse aus den Checklisten der Sprachbiografie können hier so eingetragen werden, dass der jeweils aktuelle Sprachstand nach sprachlichen Fertigkeiten differenziert abgebildet wird.

Team Deutsch in der Praxis

Progression

Der in Team Deutsch behandelte *Lernstoff* entspricht den Kompetenzbeschreibungen des GeR und umfasst die Niveaustufen A1-B1. Band 1 führt zum Niveau A1 (Band 2 zu A2, Band 3 zu B1) und deckt die dafür relevanten kommunikativen Handlungen ab. Dementsprechend ist jede Lektion auf ein konkretes, kommunikatives Lernziel ausgerichtet (Was wir möchten) und vermittelt die notwendigen sprachlichen Mittel (Was wir dafür brauchen).
Die Lernenden können regelmäßig anhand von Kann-Kriterien überprüfen, ob sie die Lernziele erreichen (*Meilensteine, Portfolio*).
Die *Stoffmenge* ist genau für ein Schuljahr (100-120 Unterrichtseinheiten / Jahr) konzipiert. Team Deutsch berücksichtigt einerseits eine *geringe Stundenzahl* von 2-3 Wochenstunden, bietet aber gleichzeitig auch *genügend Zusatzmaterial* für intensivere Kurse mit größerem Zeitrahmen (fakultatives Angebot der Ausstiegsseiten und zusätzliche Fertigkeitstrainings im Kursbuch, Wiederholungseinheiten im Arbeitsbuch, Kopiervorlagen im Lehrerhandbuch). Die große Auswahl an Zusatzmaterialien ermöglicht außerdem Binnendifferenzierung, so dass jeder Lernende in seinem Tempo an seinen persönlichen Lernfortschritten arbeiten kann.
Die übersichtliche Präsentation und schrittweise Erarbeitung des Stoffes entspricht den Bedürfnissen der Lernenden, die nicht überfordert, sondern systematisch gefördert werden sollen, u.a. durch die stützende und ergänzende Funktion des Arbeitsbuchs.
Dort werden die neuen Strukturen in überschaubaren Portionen geübt und durch regelmäßige Wiederholung und Transfer in die Lebenswirklichkeit der Lernenden gefestigt.

Themen und Texte

Die Hör- und Lesetexte in Team Deutsch basieren auf Artikeln aus Jugendzeitschriften, Schülerzeitungen, Jugendsendungen und Zielgruppenbefragungen und behalten die *Perspektive und Lebenswelt der Lernergruppe* stets im Auge. Sie vermitteln von Anfang an eine *lebendige, jugendliche Sprache*. Die Realitätsnähe der Texte ermöglicht es den Lernenden, einen eigenen persönlichen Zugang zu den vorgestellten Themen zu finden. Sie werden persönlich angesprochen und angeregt, Stellung zu beziehen und sich mitzuteilen, wodurch sich ihre Ausdrucksfähigkeit in der Fremdsprache vergrößert.
Schwierigkeitsgrad und Umfang der verschiedenen *Textsorten* – SMS, E-Mail, Anzeige, Speisekarte, Kurzartikel, Interview, Umfrage, Statistik etc. – steigen im Sinne der Lehrbuchprogression kontinuierlich an. Aber auch ein zunächst kompliziert wirkender Hör- oder Lesetext wird durch entsprechende Aufgaben entschlüsselt. Auf diese Weise wird den Lernenden die Angst vor so genannten schwierigen Texten genommen.

Fertigkeiten und Aufgaben

Team Deutsch verfolgt eine ausgewogene *Fertigkeitenentwicklung*, d.h. in jeder Lektion kommen alle Fertigkeiten mit unterschiedlicher Gewichtung vor. Auch die *Sozialformen* (Einzel-, Partner-, Gruppenarbeit) variieren auf jeder Doppelseite. Die Aufgaben bieten somit den Lernenden verschiedene Möglichkeiten, sich den Lernstoff anzueignen. Motivierende Inhalte und Aufgaben mit Bezug zur Lebenswirklichkeit der Lernenden sowie kommunikative

Texte und Situationen garantieren einen abwechslungsreichen und ansprechenden Unterricht.

Grammatik und Lexik

Grammatik und Lexik werden im Kursbuch in kommunikativem Kontext situativ eingeführt, die detaillierte Erarbeitung und Festigung erfolgt im Arbeitsbuch. Die Grammatik wird jeweils in kleinen Portionen präsentiert, d.h. die aufeinander aufbauenden Übungen fokussieren jeweils ein bestimmtes Phänomen, auf das die Aufmerksamkeit der Lernenden systematisch gerichtet wird, bevor sie sich mit der ganzen Komplexität eines Grammatikkapitels aktiv auseinandersetzen. Kleine Tipps weisen auf Zusammenhänge, Besonderheiten oder nützliche Lerntechniken hin.

Meine Grammatik: Im Arbeitsbuch befindet sich auf der letzten Doppelseite jeder Lektion eine übersichtliche Darstellung der in der Lektion gelernten Grammatik. Das selbstständige Ausfüllen der Grammatikrubriken mit selbst gewählten Inhalten spricht die Lernenden persönlich an und ermöglicht eine eigenständige Auseinandersetzung mit der Grammatik.

Mein Wortschatz: Die Schüler werden von Anfang an dazu ermuntert, sich ihren ganz persönlichen deutschen Wortschatz zu erarbeiten und dabei auch ihre Muttersprache, andere bekannte Fremdsprachen und Internationalismen zu Hilfe zu nehmen, was das langfristige Behalten des neu gelernten Wortschatzes unterstützt.

Aussprache

In jeder Lektion gibt es im Kursbuch eine als *Sprechtraining* gekennzeichnete Übung und im Arbeitsbuch vertiefende oder wiederholende Übungen zur Aussprache. Auch sie sind in den Kontext der jeweiligen Lektion eingebunden und zielen auf ein bestimmtes Phänomen ab, das schrittweise über den Zugang des Hörens trainiert wird.
Bei neuen Wörtern kann die Lauttabelle im Grammatikanhang mit einfachen Beispielen aus Lektion 1 und 2 zu Hilfe genommen werden.

Autonomes Lernen

Team Deutsch unterstützt auf vielfältige Weise die Entwicklung von Lernerautonomie und Lernstrategien:

Transparenter Aufbau der Lektionen und Lernziele: Durch die Unterteilung der Lektionen in abgeschlossene Einheiten bleibt der Stoff für Lehrende und Lernende überschaubar.
Zu Beginn jeder Lektion werden die Lernziele klar benannt. So wissen die Lernenden genau, worauf es im Folgenden ankommt und was sie erwartet.
Auch der Baukasten auf jeder Doppelseite bietet einen schnellen Überblick über den neuen Stoff der Lektion.

Selbstentdeckendes Lernen: Die Übungen zur Grammatik sind stets situativ-kommunikativ eingebettet und so angelegt, dass die Lernenden die grammatischen Phänomene weitgehend selbst erarbeiten können. Auf diese Weise können nachhaltige Lernerfolge erzielt und die Autonomie der Lernenden gefördert werden.

Entwicklung persönlicher Lernstrategien: Zahlreiche integrierte Lerntipps zu Wortschatz und Grammatik ermöglichen es den Lernenden, viele verschiedene Sprachverarbeitungsstrategien (Wortgruppen bilden, Bilder und Wortigel verwenden, Regelmäßigkeiten entdecken, Regeln formulieren und anwenden, ...) auszuprobieren, um schrittweise herauszufinden, welche für sie am zielführendsten sind. Einige Lernstrategien werden durch eine „Strategiefigur" präsentiert und bei der Lösung der Aufgaben unmittelbar angewandt. Die Lerntipps sind für Jugendliche ansprechend formuliert und dienen der Bewusstmachung effizienter Lernstrategien. Dort, wo die Strategiefigur erscheint, kann die Lehrperson die Strategie im Unterricht thematisieren.
Im Fertigkeitstraining werden die explizit formulierten Lernstrategien direkt an die Fertigkeiten gekoppelt.

Das eigene Lernen organisieren: Nachschlagehilfen wie die Wortlisten oder die Überblicksgrammatik im Kursbuch geben den Lernenden die Möglichkeit, ihr Lernen zunehmend selbst in die Hand zu nehmen. In der Grammatik im Anhang können die Lernenden bei Bedarf bestimmte grammatikalische Phänomene gezielt nachschlagen und Antworten auf ihre individuellen Fragen finden.
Das fakultative Angebot der Ausstiegsseiten regt die Schüler an, je nach ihren Bedürfnissen einzelne Themen auch individuell oder in kleinen Gruppen zu wiederholen bzw. zu vertiefen und zu erweitern.

Das eigene Lernen selbst evaluieren: In den *Meilensteinen* im Arbeitsbuch setzen sich die Schüler nach jeder zweiten Lektion noch einmal mit dem bereits Gelernten auseinander. In kurzen Aufgaben überprüfen sie, was sie schon können und entwickeln so ein Gespür für die eigenen kommunikativen Fähigkeiten.
Im *Portfolio* haben die Lernenden darüber hinaus die Möglichkeit, regelmäßig mithilfe der Checklisten ihren aktuellen, individuellen Lernstand zu ermitteln und ausführlich zu dokumentieren.

Soziales Lernen – das Team als Ressource

Soziales Lernen fördert die Beziehungs- und Beteiligungskultur innerhalb der Lerngruppe und stärkt auf diese Weise die Selbst-, Sozial- und Sachkompetenz der Lernenden. Die Schüler eignen sich Wissen und Kenntnisse an, lernen aber auch, sich selbst mit ihren eigenen Stärken und Schwächen wahrzunehmen und sich kooperativ in eine Gruppe einzubringen.
Team Deutsch bietet zahlreiche Sozial- und Übungsformen an, die diese drei miteinander verschränkten Kompetenzen trainieren.
Durch die Stärkung der Selbst- und Fremdwahrnehmung wird ein kooperatives und produktives Arbeiten im Team erst möglich. Das Lehrwerk enthält verschiedene Aktivitäten zur Förderung des Sozialen Lernens, hier nur einige Beispiele: Empathieübungen, Klassenumfragen, *Teamseiten* mit Teamaktivitäten (Spiele, Lieder, Gedichte, Projekte), interkulturelle Vergleiche und Fragestellungen, Tandemübungen, Interviews, Rollenspiele, Übungen zur Selbsteinschätzung.

Landeskunde

Einen ersten landeskundlichen Einstieg durch Aktivierung des Vorwissens bietet die Landkarte (S. 4-5) im Kursbuch. Auf diese Karte kann im Laufe der Arbeit immer wieder zurückgegriffen werden.
Auch das Sammeln der Meilen und die virtuelle Reise durch Deutschland im Arbeitsbuch trägt zum Kennenlernen der deutschsprachigen Länder bei. (In Band 2 führt die Erlebnisreise durch Österreich, in Band 3 durch die Schweiz und Liechtenstein.)
Vor allem aber fließt implizite Landeskunde durch die Verwendung jugendgerechter Sprache und Texte ein: Das Wissen über die Länder und ihre Alltagskultur wird durch realitätsnahe Hör- und Lesetexte, in denen sich die Welt der Gleichaltrigen in den deutschsprachigen Ländern widerspiegelt, vermittelt. Viele Aufgaben regen zur Kontaktaufnahme und zum kontrastierenden Vergleich mit dem eigenen Land und der eigenen Kultur an.

Unterrichtssprache

Mithilfe der Zeichnung (S. 8) können wichtige Wendungen der Unterrichtssprache gleich zu Beginn eingeführt werden. Die klar und einfach formulierten Arbeitsanweisungen ermöglichen ein schnelles Verständnis der Aufgaben.
Der Unterricht mit Team Deutsch kann daher bereits in den ersten Lektionen hauptsächlich auf Deutsch durchgeführt werden.
Wenn es jedoch um die Thematisierung von Lernstrategien und Lerntechniken oder um die zusätzliche, inhaltliche Vertiefung eines Themas geht, kann es durchaus sinnvoll sein, dies in der Muttersprache zu tun.

Hallo, wie geht's?

Lernziele	Fertigkeiten	Textsorten	Sprachhandlungen	Sprachmittel und Sprachstrukturen	Aufgaben
Einstieg	• Hören		• Situation erkennen	• internationale Wörter	KB 1 AB 1
Auf der Party • erste Kontakte knüpfen	• Hören • Lesen • Sprechen	• Fotogeschichte • kurze Dialoge	• sich begrüßen • nach dem Namen und dem Befinden fragen • sich verabschieden	• Grußformeln • Fragesatz / Aussagesatz • Verben in der 1. und 2. Person Singular • Personalpronomen im Singular	KB 2–5 AB 2–5
Im Internetcafé • Informationen über die Person geben	• Hören • Lesen • Sprechen • Schreiben	• Formular; • Dialog im Internetcafé • das deutsche Alphabet	• buchstabieren • bis 20 zählen • Personenangaben verstehen und einordnen • ein Formular ausfüllen	• das Alphabet • Zahlen 1–20 • Personenangaben	KB 6–10 AB 6–14
Neu in der Klasse • sich und andere vorstellen	• Hören • Lesen • Sprechen • Schreiben	• E-Mail; • Steckbrief	• Informationen über eine Person sammeln • über sich sprechen • Informationen in der 3. Person wiedergeben • eine andere Person vorstellen	• Verben in 1. und 3. Person Singular: *ich bin, ich heiße/ wohne / komme / spiele, ich mag;* *er ist, er heißt / wohnt /kommt / spielt, er mag*	KB 11–14 AB 15–22
Sprechtraining • Sprechmelodie					KB 15 AB 23
Ausstieg	• Sprechen • Schreiben • Hören	• Namenliste; • Steckbrief / Ich-Text • Lied	• Informationen über sich geben	• deutsche Vornamen	KB Im Team AB MG AB MW

1 Hallo, wie geht's?

Einstieg

KB 1 Durch Fotos und situationsgerechte Hörszenen erfolgt ein erster Einstieg in die drei Schauplätze der Lektion. S sollen die Fotos den drei Hörszenen zuordnen, indem sie auf die Geräusche achten. Detailverständnis wird nicht erwartet, L kann aber nach einem zweiten Hören die Wörter notieren, die S bereits verstehen (Internationalismen) oder zum AB übergehen.

L weist S darauf hin, dass internationale Wörter beim Verstehen helfen.

AB 1 S sollen die internationalen Wörter hier nur verstehen, aber nicht aktiv beherrschen (diese werden zum Teil erst später eingeführt).

Auf der Party

KB 2 S hören sich die Dialoge zweimal an. Beim ersten Hören lesen sie mit, beim zweiten Hören sprechen S die Dialoge nach. (L stoppt das Gerät nach jedem Satz.)
Die Fotos helfen beim Verstehen. Bei der Klärung der Bedeutungen macht L auf die Unterschiede der Begrüßungsformeln für (fremde) Erwachsene und Jugendliche aufmerksam.

AB 2 In der Anfangsphase ist es sehr wichtig, sich mit dem Schriftbild des Deutschen vertraut zu machen und durch Vorlesen die Aussprache zu üben.

L kann auch österreichische bzw. süddeutsche Begrüßungen (*Servus! Grüß Gott!*) sowie das Schweizer *Grüezi!* einführen.
Zur Begrüßung gibt man sich die rechte Hand. Jüngere Leute und befreundete Erwachsene umarmen sich auch häufig oder geben sich ein Küsschen auf die Backe, in der Schweiz sind es sogar drei.

KB 3 Nachdem die Redemittel aus Aufgabe 2 mithilfe des Baukastens besprochen wurden, wenden S sie in einer authentischen Situation an. S gehen im Klassenzimmer herum und stellen sich vor. Wenn L mitmacht, werden auch die Begrüßungen für Erwachsene geübt.

L weist auf die Funktion des Baukastens hin: Hier finden S die wichtigsten sprachlichen Mittel einer Doppelseite, die beim Sprechen oder Schreiben helfen.

KB 4 Anhand der Verabschiedungsszene werden die Grußformeln der Verabschiedung eingeführt. (L stoppt das Gerät nach jedem Satz.)

AB 3 S unterscheiden zwischen Grußformeln für Begrüßung und Verabschiedung.

AB 4–5 S können sich durch Hören selbst korrigieren.

KB 5 Abschließend wenden S die neu gelernten Ausdrücke an, indem sie in PA Dialoge zu den Bildern schreiben und sie im Plenum vorlesen.

Situationsspiel zu den Grußformeln: ➔ Kopiervorlage S. 102

Im Internetcafé

KB 6 In der Hörsituation geht es um erste Angaben zur Person. Der Text ist auch abgedruckt, damit S die Informationen noch nicht ausschließlich über das Hören finden müssen. Nach dem Hören und Lesen ergänzen S die Informationen auf der Karte.

L kann einen Zwischenschritt einbauen, indem er S die gefragten Informationen vor dem Notieren im Dialog markieren lässt (Lesetechnik).

KB 7 Nach dem Hören und Lesen des Beispiels weist L auf den Baukasten hin und führt das Alphabet ein. Zur Festigung können S das Alphabet im Chor oder der Reihe nach sprechen. L kann einen kleinen, weichen Ball mit in die Klasse nehmen: S werfen sich gegenseitig den Ball zu und sagen dabei das Alphabet auf. S bestimmen die Reihenfolge selbst, was die Aufmerksamkeit und den Spaßfaktor erhöht.
Nach der Einübung des Alphabets spielen S die Szene mit ihrem Namen. Sie können sie auch mit Fantasienamen oder Namen berühmter Personen spielen.

Rollenspiel: L teilt Kärtchen mit typisch deutschen Vornamen (und Familiennamen) aus. S gehen durch die Klasse und fragen drei Personen nach „ihren" Namen.
Buchstabierspiel:
S buchstabieren bekannte Wörter rückwärts – wer erkennt das Wort zuerst?

AB 6–11 Nach den Buchstaben werden die Zahlen von 1–20 eingeführt und geübt. Wenn S als erste Fremdsprache Englisch lernen, kann in AB 6 (und auch in AB 7) ein Vergleich erfolgen. L weist darauf hin, dass Englisch beim Erlernen der deutschen Sprache helfen kann.

- PA: S1 diktiert eine Zahl, S2 schreibt sie und umgekehrt.
- S tauschen Telefonnummern auf einer Party.

KB 8 Nach der Erarbeitung des Alphabets und der Zahlen lesen S Dialog 6 in PA mit ihren eigenen Angaben. Sie können außer den Namen auch die Zahlen variieren und Passwörter erfinden.

S können den neuen Dialog auch aufschreiben.

AB 12 Der Dialog ist eine Variante zum Dialog in KB 6.

AB 13 S verbinden die zusammenpassenden Namen und Passwörter und sprechen dann nach dem Muster.

S werfen sich den Ball zu und befragen sich gegenseitig.

KB 9 S üben in Vierergruppen die Zahlen von 1–20 und das Buchstabieren. Die Gruppen können durch Abzählen, z.B. 1, 2, 3, 4, 1, 2, 3, 4, 5 … gebildet werden, es arbeiten alle Einser, Zweier usw. zusammen.

KB 10 Die Angaben zur Person werden erweitert. S betrachten die Fotos und erfassen die Situation, dann hören sie zu und lesen den Dialog mit. Schließlich ordnen sie die Informationen der Internetseite in die entsprechende Spalte der Tabelle ein.

Das Lied „Perfekte Welle" von der Band „Juli" auf der Teamseite kann auch hier gehört werden.

AB 14 Die neuen Personenangaben werden gefestigt. S lesen den Text und ordnen die Informationen den Spalten im Ausweis zu.

S füllen ein ähnliches Formular für sich selbst oder einen Partner aus.

Neu in der Klasse

KB 11 Ein neuer Schüler wird vorgestellt. Die Hörsituation ist zum besseren Verstehen auch abgedruckt, der Text soll aber nicht detailliert bearbeitet werden. S sollen nur die Schlüsselinformationen verstehen.

AB 15 In der E-Mail werden die Verbformen der 1. Person Sing. geübt.

S können die Strukturen von KB 11 als Vorlage verwenden.

KB 12 S lesen die Beispiele und betrachten den ersten Teil des Baukastens. L erweitert diesen nach Bedarf, dann sollen sich S selbst vorstellen.

AB 16 S stellen sich selbst schriftlich vor, indem sie eine E-Mail schreiben und dabei die Strukturen von KB 12 festigen. Die angegebenen Stichpunkte helfen.

KB 13 Beim ersten Hören in **a** sollen S nur die Namen in der richtigen Reihenfolge verstehen (Globalverstehen), beim zweiten Hören in **b** sollen sie dann mehr Informationen erfassen (Detailverstehen). Nach der Besprechung der Lösung von **b** stellen S in **c** eine Person vor: Dabei benützen sie die Verben aus dem Hörtext in der 3. Person. Der Baukasten hilft dabei.

Aufgabe **c** kann schriftlich und / oder mündlich gemacht werden. Wichtig ist, die Verbformen gemeinsam – auch an der Tafel – festzuhalten.

AB 17 S stellen eine Person vor und verwenden dabei die Verbformen der 3. Person.

Bei Aufgabe **b** PA: S schreiben nur die Steckbriefe selbst, der Partner schreibt dann dazu eine Beschreibung.

KB 14 S üben die Verbformen der 3. Person, indem sie sich gegenseitig vorstellen.

AB 18–22 In den Übungen werden die neu gelernten Grammatikstrukturen wiederholt und gefestigt. Jede Übung fokussiert auf eine bestimmte Struktur (Fragewörter, Verbformen im Singular, Endungen der Verben im Singular, Personalpronomen im Singular).

Kettenspiel: Kettenspiel: S bilden stehend einen Kreis. S1 sagt, was er mag, S2 wiederholt es und ergänzt, was er selbst mag, S3 wiederholt die Informationen von S1 und S2 und ergänzt usw. (z. B. *Anna mag Musik, Pawel mag Tennis und ich mag Schokolade.*).

Steckbriefe ➔ Kopiervorlage S. 103

KB 15 S hören zu und achten auf die Sprechmelodie. Im Plenum kann die Sprechmelodie mit Pfeilen (wie in AB 23) markiert werden.
Die Brummtöne machen S mit der Intonation der deutschen Sprache vertraut. Ohne von der Aussprache einzelner Wörter abgelenkt zu werden, können S die Satzmelodien nachbrummen und sich auf die deutsche Intonation einlassen.

S können sich gegenseitig Sätze aus der Tabelle vorbrummen, die anderen müssen sie erkennen.

AB 23 S sollen die Sprechmelodie erkennen und nachbrummen. Es handelt sich um den Hörtext KB 10.

In W-Fragen kann die Satzmelodie auch nach oben gehen, das verleiht der Frage größeres Interesse. *(Wie bitte? Wie heißt du?)*

AB Mein Wortschatz

Lieblingswörter: Ähnlich wie jeder S seine Lieblingswörter notiert, können wöchentlich die Lieblingswörter der Klasse gewählt, auf Plakaten festgehalten und aufgehängt werden. So können S auf lustbetonte Weise neue Wörter lernen.

KB Im Team

Klassenporträt: S können Texte über sich in der 1. Person schreiben oder ein Porträt von einer anderen Person erstellen und dabei die Verbformen in der 3. Person üben: Sie notieren in PA 4–5 Fragen, interviewen sich gegenseitig, notieren die Antworten und schreiben aus den Antworten des Partners einen Text über ihn.

S können Passbilder oder andere Fotos für das Porträt mitbringen.

„Perfekte Welle“: Das Lied soll Lust auf Deutsch machen und zeigen, dass auch Deutsch „cool“ sein kann. Wenn S deutsche Bands / Interpreten kennen, können sie deutschsprachige Musik in den Unterricht mitbringen und der Klasse vorstellen.

Unter http://www.lyrics.de lassen sich die meisten Songtexte finden.

Was ist in der Schule los?

Lernziele	Fertigkeiten	Textsorten	Sprachhandlungen	Sprachstrukturen und Sprachmittel	Aufgaben
Einstieg	• Hören	• Kurzdialoge	• Tätigkeiten und Räume in der Schule benennen		KB 1 AB 1
Im Klassenzimmer • Gegenstände erfragen und benennen	• Hören • Sprechen	• Beschreibung eines Schulraums	• nach Wörtern fragen: *Was ist das?* *Wie heißt das auf Deutsch?* *Ist das dein(e) …?*	• unbestimmter Artikel: *ein / eine, kein / keine* • Ja / Nein-Frage; • Possessivartikel: *mein / meine, dein / deine*	KB 2–5 AB 2–9
Ein Schultag • über den Stundenplan und die Fächer sprechen • die Meinung sagen und Vorlieben ausdrücken	• Lesen • Hören • Sprechen	• Stundenplan	• über den Stundenplan sprechen: *Wann hast du …? Am …* • über Fächer sprechen: *Wie findest du …?* • über Aktivitäten sprechen: *Was machst du gern?*	• Wochentage; • das Verb *haben* im Singular • Fächer und Aktivitäten	KB 6–10 AB 10–15
Sprechtraining • kurze und lange Vokale • Wortakzent • Sprechmelodie					KB 11 AB 11 AB 20
Am Nachmittag • Zahlen festigen • Informationen sammeln mit W-Fragen	• Hören • Schreiben • Sprechen • Lesen	• SMS • Telefongespräche • Interview • Anzeigen am Schwarzen Brett	• Zahlenangaben verstehen • eine SMS schreiben • W-Fragen verstehen • eine Person interviewen	• W-Fragen: *Wer? Was? Wie? Wo? Woher? Wann?*	KB 12–17 AB 16–24
Ausstieg	• Lesen • Schreiben	• Gedichte	• kreatives Schreiben		KB Im Team MG, MW

2 Was ist in der Schule los?

Einstieg

KB 1 L betrachtet gemeinsam mit den S die Fotos, S versuchen die Bedeutung der angegebenen Wörter aufgrund bekannter Elemente oder Ähnlichkeiten zur Muttersprache zu erschließen.
Beim Hören der Dialoge sollen sich S auf einige Schlüsselwörter konzentrieren.

L kann S bei der Beschreibung der Fotos und der Zuordnung der Wörter im Bedarfsfall Hinweise zum Wortschatz geben.

AB 1 Die Übung greift einige Wörter aus Lektion 1 und aus den Hörtexten in KB 1 auf. S ordnen die Sätze den Fotos zu und lernen neue Verben kennen.

Im Klassenzimmer

KB 2 S machen sich mit den neuen Wörtern durch Hören, Sehen und Nachsprechen vertraut. Zuerst sehen sich S die Seite genau an. Beim Hören suchen sie die genannten Gegenstände auf dem Foto. Die Wörter sollten zweimal gehört werden, S können die Wörter dabei jeweils abhaken. Sie können sie auch nachsprechen. L kann die Wörter auf Zettel notieren und austeilen, S halten das gehörte Wort hoch oder L klebt alle Wörter an die Tafel: S nehmen das gehörte Wort weg. In **b** werden die neuen Wörter geübt, indem S ganze Sätze bilden und die Gegenstände sortieren.

Die Wörter werden mit dem unbestimmten Artikel eingeführt, da dieser für die Kommunikation von größerer Bedeutung ist. (Der bestimmte Artikel wird in Lektion 4 eingeführt.) Da *ein / mein / kein* nach dem gleichen Prinzip funktionieren, werden diese Artikelwörter im Baukasten zusammengeführt.

KB 3 S festigen die neu gelernten Wörter und lernen, wie man nach unbekannten deutschen Wörtern fragt. Sie sollen in Zukunft auf diese Weise Wörter erfragen. L ergänzt nach Bedarf neue Wörter an der Tafel (z.B. *eine Fahrkarte, ein Schlüssel, eine Trinkflasche* usw.).

AB 2–3 Die Übungen festigen die neuen Wörter. AB 3 soll auf die Bedürfnisse der Gruppe ausgerichtet werden. Zusätzlich kann L jedem S ein Post-it (selbstklebender Zettel), geben. Jeder S soll auf seinem Post-it den Namen eines Gegenstandes in der Klasse notieren und es dann auf diesen Gegenstand kleben (z. B. *eine Tafel, eine Tür, ein Fenster, eine Lampe …*). Das Arbeiten mit Post-its kann auch als Methode zum Lernen neuer, konkreter Nomen thematisiert werden (Lerntechnik).

Kimspiel: Gegenstände werden auf einem Tisch angeordnet. Eine Gruppe geht raus oder dreht sich um, die anderen nehmen 2–3 Gegenstände weg. Frage: *Was fehlt?* Antwort: *ein Lineal …*

Wörterbingo: Jeder S erhält eine Liste mit 20–30 Wörtern, zeichnet ein Raster mit 6 Kästchen und trägt 6 Wörter ein. L nennt 6 Wörter, S kreuzen ihre Treffer an. Wer 6 richtige hat, ruft *Bingo!*

Memory ➔ Kopiervorlage S. 104

KB 4 Vor der Aufgabe erläutert L die Ja / Nein-Frage an der Tafel und weist darauf hin, dass *mein / meine* und *dein / deine* nach dem gleichen Prinzip funktionieren wie *ein / eine*. Die Übungen im AB können auch vorgeschaltet werden, bevor S frei sprechen.

AB 4–5 S üben die Possessivartikel bzw. die Ja / Nein-Frage. (Schnelle) S üben in PA mit Gegenständen weiter, die sie auf ihren Tischen haben.

AB 6 Durch Hören ist Selbstkontrolle möglich. Mit dem Nachsprechen der Sätze können S auch den Satzakzent üben.

Pfänderspiel: L sammelt von jedem S einen persönlichen Gegenstand ein. Dann zieht jeder einen Gegenstand, geht herum und fragt so lange nach dem Besitzer, bis er ihn gefunden hat.

KB 5 S sehen sich die Fotos an und hören zu. Der Text soll nur global verstanden werden. In **b** und **c** sollen S nicht beschreiben, sondern nur das aufzählen, was schon bekannt ist.

AB 7 Das Verstehen des Hörtextes in KB 5 kann hier vertieft werden. S müssen den Text detaillierter erfassen.

AB 8 Die spielerische Partnerübung festigt die Ja / Nein-Frage und die neuen Wörter.

AB 9 Wortschatzübung: S kombinieren die vier Verben mit den passenden Nomen.

Ein Schultag

KB 6 Mithilfe des Stundenplans lernen S die deutschen Bezeichnungen der Schulfächer kennen. Bei der Klärung der neuen Wörter sollen Ähnlichkeiten mit der Muttersprache oder mit der ersten Fremdsprache helfen (Strategie). Hier kann L die Wochentage und das Verb *haben* im Singular einführen.
Anschließend bietet sich ein Klassengespräch an: *Welche Fächer hast du am Montag, am Dienstag …?*

In Deutschland werden die Klassen von 1–12 bzw.13 durchnummeriert, in Österreich und der Schweiz beginnt die Zählung in den weiterführenden Schulen wieder bei eins, also 1–4 und 1–8.

KB 7 Wortschatzübung zu den Fächern: S sollen sich beim Hören nur auf die Fächer konzentrieren. Detailverstehen ist nicht nötig!

AB 10 Das Kreuzworträtsel festigt die Unterrichtsfächer.

AB 11 L weist auf die unterschiedlichen Wortakzente im Deutschen hin. Die Wörter können S auch nachsprechen.

Die Mehrheit der deutschen Wörter wird auf der ersten Silbe betont. Fremdwörter hingegen werden oft auf der letzten Silbe betont.

AB 12 Die Übung festigt die Wochentage und ist ein erster Schritt zur Selbstkorrektur: S sollen Fehler erkennen und korrigieren. Sie sollen diese Fähigkeit mit der Zeit auch auf ihre eigenen schriftlichen Produktionen anwenden lernen.

KB 8 *Wann …? Am …* wird eingeführt. L weist auf den Baukasten (S. 21) hin. S befragen sich gegenseitig in PA oder GA.

AB 13 *Wann? Am …* wird aufgrund des Stundenplans in KB 6 gefestigt.

S werfen sich einen weichen Ball zu und befragen sich gegenseitig.

KB 9 S lernen erste Adjektive zum Ausdruck der eigenen Meinung. L weist auf jugendsprachliche Merkmale hin: *echt / voll / total* sind verstärkend und können mit allen Adjektiven kombiniert werden. S bilden zuerst einfache Sätze und üben die neuen Wörter. In **b** machen sie dann kleine Dialoge in PA.

Ratespiel mit Emotionen:
Ratespiel mit Emotionen: Wie gefällt dir das? Brumm die Antwort.
Party? (Toll! Super!)
Theater? (Schön! Blöd!)

AB 14 S lernen Abstufungen von *sehr negativ* bis *sehr positiv* zu unterscheiden.

KB 10 Mit der Zeichnung werden weitere (regelmäßige) Verben eingeführt. L kann auf den Satzbau hinweisen: Verb + Nomen bilden eine Klammer.
Aufgabe **a** kann als Klassengespräch und / oder schriftlich durchgeführt werden. In **b** erzählen / schreiben S, was sie gern machen. L kann bei Bedarf Wortschatzhilfen an der Tafel geben.

AB 15 Das Wortsuchspiel festigt die Verben und die Verbformen der 1. und 2. Person Singular.

Klassenumfrage:
Klassenumfrage: S gehen durch die Klasse, fragen 4–5 andere S, was sie gern machen, notieren die Antworten und berichten im Plenum.
Fragespiel: Jeder schreibt drei Fragen auf und fragt seine Mitschüler (*Magst du Mathematik? Spielst du gern Theater? Rechnest du gern? Singst du gut? Findest du … cool?*). Die Fragen und Antworten werden auf einem Plakat zusammengefasst.

2 Was ist in der Schule los?

KB 11 Bei langen Wörtern rufen S das Wort *cool*, bei kurzen das Wort toll. S können unter den bekannten Wörtern weitere Beispiele für kurz und lang suchen (z.B. *Sport, Kunst, Hobby / Name, wohnen, Fußball*).

L kann an dieser Stelle auf die Wortliste im Anhang hinweisen.

Am Nachmittag

KB 12 Die Aufgabe führt den Schauplatz ein. L uns S betrachten zusammen die Zeichnung und die SMS und klären neue Wörter: *sitzen, Platz, Reihe.*

KB 13 S hören die Telefongespräche. Dabei sollen sie die Zahlen verstehen, sodass sie Reihe und Platz den einzelnen Personen zuordnen und auf dem Plan markieren können.

Nach mehrmaligem Hören können S versuchen, ein ähnliches Gespräch zu spielen.

KB 14 Mithilfe der Vorlage von KB 12 schreiben S eine ähnliche SMS. Vor dem Ratespiel in **b** klärt L die neuen Wörter: *richtig / falsch, vielleicht.*

AB 16 S lernen, Fehler zu erkennen und selbstständig zu korrigieren.

L gibt Wörter vor, S verwenden in ihrer SMS mindestens vier davon: z.B. *kein, mag, geht's, Fußball, echt super, langweilig, okay, wie, wo, findest.*

KB 15 L klärt vor dem Hören die Situation (Lukas ist der Mannschaftskapitän). Nach dem Hören wird auf die Strategie hingewiesen, mit W-Fragen Informationen zu sammeln. Vor KB 16 werden diese im AB geübt.

AB 17, 18, 19, 21, 22 Einführung der Fragewörter *Wo? Woher?* und der Präpositionen für die passenden Antworten sowie Festigung der W-Fragen zur Vorbereitung der Interviews im KB.

S sollen die Verbindungen mit *in* und *im* in AB 17 nur als lexikalische Einheiten lernen.

AB 20 In Zusammenhang mit den W-Fragen wird die Sprechmelodie wiederholt. S sollen die Regel für die Satzmelodie selbst finden.

KB 16 Die Situation wird geklärt (die Personen sind Zuschauer beim Fußballspiel). S arbeiten in PA, wählen eine Person aus und machen einen Dialog mit W-Fragen und den entsprechenden Informationen im Buch.

Klassenumfrage: S befragen 4–5 Personen zu einer individuellen W-Frage, notieren die Antworten und berichten.

KB 17 Es geht um die Strategie des globalen Lesens: S sollen Signalwörter im Text markieren. In **b** wird die Strategie bewusst gemacht.

AB 23 Die gegenseitige Korrektur ist wichtig für das Erkennen von Fehlern und ein erster Schritt zur Selbstkorrektur im Schreibprozess.

AB 24 Schwierigere Übung für starke Gruppen.

AB Meine Grammatik

Satzmodelle: Es ist wichtig, von vornherein klarzustellen, dass der deutsche Satz mit dem Subjekt oder einem anderen Satzglied beginnen kann. L weist auf die Position des Verbs hin (bei W-Fragen und Aussagesätzen auf Position 2, bei Ja / Nein-Fragen auf Position 1).

Die Satzstellung im Deutschen kann mit der Muttersprache verglichen werden.

KB Im Team

Kreatives Schreiben in PA oder GA. S können ihren Wortschatz auch individuell ergänzen (siehe Gedicht *Musikzimmer*), dazu muss L ein Wörterbuch bereitstellen.

Lernstationen zur spielerischen Wiederholung:
➔ Kopiervorlage S. 105

Freunde und Familie

Lernziele	Fertigkeiten	Textsorten	Sprachhandlungen	Sprachstrukturen und Sprachmittel	Aufgaben
Einstieg	• Hören		• Personen identifizieren	• Wortfeld Freunde und Familie	KB 1 AB 1–2
Freunde finden • sich und seine Familie vorstellen	• Hören • Lesen • Sprechen • Schreiben	• Anzeige; • Telefongespräch • Brief • Formular • Chat	• Informationen sammeln und ordnen • sich Notizen machen • mit jemandem Kontakt aufnehmen • ein Telefongespräch führen	• Familienmitglieder • *meine* (Plural) • regelmäßige Verben im Plural	KB 2–5 AB 3–8
Freundschaft im Test • Zahlen üben und erweitern • Personen charakterisieren	• Hören • Sprechen • Lesen	• Tests	• zählen • Bedeutungen von Symbolen entdecken und über Eigenschaften sprechen	• Zahlen ab 20 • Nomen im Plural	KB 6–10 AB 9–12
Geburtstag in der Familie • Jugendliche und Erwachsene ansprechen	• Hören • Sprechen	• Anzeige; • Telefongespräch • Familienszene • Geburtstagslied	• eine Szene spielen, duzen und siezen	• du-Form und Sie-Form *du möchtest, Sie möchten*	KB 11–13 AB 13
Sprechtraining • Sprechmelodie in W-Fragen und Satzfragen • Wortakzent bei zusammengesetzten Substantiven					KB 14 AB 14, 15
Ausstieg	• Lesen • Schreiben • Sprechen	• Freundschaftsbuch	• sich vorstellen • über Fotos sprechen		KB Im Team AB MG AB MW

3 Freunde und Familie

Einstieg

KB 1 Anhand der Fotos aus Stefans Fotoalbum und der Hörtexte erfolgt der Einstieg in das Thema der Lektion. L betrachtet gemeinsam mit den S die Fotos und ermuntert S, über die Fotos – in der Muttersprache oder auf Deutsch – zu sprechen: *Wer / Was ist auf den Fotos? Wo sind die Personen? Was machen Sie?* Das baut eine Erwartungshaltung auf und erleichtert das Verstehen. Anschließend hören S die Hörtexte und ordnen diese den Personen auf den Fotos zu.

Es ist hilfreich, weibliche und männliche Bezeichnungen der Familienmitglieder paarweise zu lernen: *Vater – Mutter, Enkel – Enkelin* (s. auch Baukasten).

AB 1 S lesen die Aussagen zum Hörtext in KB 1 und korrigieren die Fehler. Bei Bedarf kann der Hörtext noch einmal gehört werden. Auch die Lösungen können durch nochmaliges Hören kontrolliert werden.

Das Subjekt bleibt, nur die Angaben werden ausgetauscht, d. h. S sehen, dass die Satzstruktur unverändert bleibt.

AB 2 S ordnen den Fotos die entsprechenden Namen zu. Hier taucht erstmals das Genitiv -s bei Eigennamen auf. An dieser Stelle genügt ein kurzer Hinweis auf Bildung und Bedeutung des Genitiv -s bei Namen.

GA mit 4–5 S, jeder S legt 3 Gegenstände auf den Tisch. S1 nimmt einen Gegenstand und fragt z.B. *Ist das Pawels Kuli?* Wer die richtige Antwort weiß, sagt z.B. *Nein, das ist Annas Kuli.* und stellt die nächste Frage.

Freunde finden

KB 2 In der Aufgabe wird der Wortschatz zum Thema *Freunde, Familie* erweitert. L liest zuerst mit den S die Anzeige und die acht Aussagen rechts. L stellt sicher, dass S den Inhalt der Anzeige und der Aussagen verstehen. Anschließend markieren S beim Hören die richtigen Informationen. Zum Schluss können S in PA über die eigene Familie sprechen: *Welche Personen gibt es? Wie heißen sie? Wie alt sind sie?*

Wenn die Aufgabe zu schwer ist, kann man auch erst KB 3 lösen und anschließend noch einmal die Lösungen von KB 2 kontrollieren.

KB 3 S hören das Telefongespräch nochmals und ordnen die Informationen der passenden Person zu. Die Aufgabe bereitet die eigenen Äußerungen in KB 4 vor.

Die Aufgabe ist leichter, wenn die Angaben auf kleinen Zetteln stehen und S sie beim Hören ordnen.

AB 3 Die Übung bereitet die Telefongespräche in KB 4 vor: In **a** lernen S Redemittel für Telefongespräche kennen: Was kann man sagen, wenn man selbst anruft bzw. angerufen wird. **b** dient ebenfalls zur Vorentlastung durch schriftliche Formulierung möglicher Fragen an die drei Personen.

KB 4 S lesen die Anzeigen, S und L klären bei Bedarf gemeinsam neuen Wortschatz.
Vor dem Sprechen machen sich S auf einem Zettel Notizen (Strategie): Angaben zur eigenen Person bzw. auch mögliche Fragen für den Interviewpartner.

S sollten von Anfang an die wichtige Lerntechnik anwenden, sich Notizen zu machen und auf dieser Grundlage zu sprechen (nicht ablesen).

AB 4 Mithilfe des Notizzettels und der Kontaktanzeigen von KB 4 schreiben S eigene Anzeigen.

S können auch ihre Internetadresse angeben.

AB 5 S müssen im Brief nur die Informationen finden, die für das Formular wichtig sind. S können die gefragten Infos im Brief mit verschiedenen Farben markieren (Lesetechnik: Was steht wo?). Das ist auch für das Schreiben des eigenen Briefes hilfreich. In ihrem Antwortbrief können sich S an das Muster von Sarahs Brief anlehnen (Strategie).

KB 5 Im Chat erscheinen Verbformen im Plural. S nähern sich dem Text zunächst inhaltlich, indem sie die Textteile verstehen und ordnen. Im AB wird dann auf die grammatikalischen Formen eingegangen.

Würfelspiel zur Verbkonjugation: ➔ Kopiervorlage S. 106

AB 6 Die Grammatik zu KB 5 (Verbformen in allen Personen Singular und Plural) wird schrittweise erarbeitet:
In **a** sammeln S die Verben im Plural im Chat. In **b** und **c** erfolgt die Systematisierung: S sollen erkennen, dass es zwar sechs Personen, aber nur vier Verbendungen gibt.

L sollte darauf hinweisen, dass das Verb im Deutschen immer ein Personalpronomen braucht.

AB 7–8 Die Übungen beinhalten weitere Dialoge, in denen alle Verbformen vorkommen.

Freundschaft im Test

KB 6 Der Rechentest bietet eine spielerische Annäherung an das Thema *Freundschaft*. S müssen die Rechnung verstehen und nachrechnen können, um in KB 7 eigene Rechnungen aufzustellen.

L sollte darauf hinweisen, dass im Deutschen zuerst der Tag und dann der Monat angegeben wird.

AB 9–10 S üben die Zahlen bereits bis zu vierstelligen Kardinalzahlen. Dabei können sie den Baukasten KB S. 29 bzw. den Grammatikanhang im KB zu Hilfe nehmen.

Klassenumfrage: S gehen herum, fragen vier andere S nach ihrer Telefonnummer und notieren die Antworten.

Zählspiel: S zählen der Reihe nach (*1, 2, 3, 4 …*), jeweils der fünfte sagt statt der Zahl das deutsche Wort, das für S momentan am schwersten auszusprechen ist (z. B. *1, 2, 3, 4, Geburtstag, 6, 7, 8, 9, Geburtstag …*)

KB 7 S stellen in PA nach dem Muster eigene Rechnungen auf.

KB 8 Die Pluralformen der Nomen werden eingeführt. L und S klären gemeinsam neue Wortbedeutungen mithilfe der Illustrationen.

In den nächsten Lektionen können S auf der Seite *Mein Wortschatz* immer wieder Pluralformen nachschlagen und systematisch sammeln.

KB 9 L und S klären gemeinsam die Bedeutungen der Adjektive zur Beschreibung von Personen. L weist auf den Unterschied in der Verbkonjugation hin (*bedeutet / bedeuten*).

KB 10 S sprechen in GA über ihre Symbole. L weist auf die Bedeutung von *aber* hin.

AB 11 In der Übung zum Plural kommen auch Wörter aus Lektion 1 und 2 vor. L kann S dazu ermuntern, selbst Regeln zur Pluralbildung zu formulieren (auch in der Muttersprache).

AB 12 Der Wortschatz und die neu gelernten Strukturen werden gefestigt: S kombinieren in PA Nomen, Adjektive und Zahlen und sprechen darüber.

Klassenumfrage: S gehen durch die Klasse und befragen drei andere S nach ihren Symbolen und deren Bedeutung. Die Antworten werden notiert. Einige S berichten im Plenum.

3 Freunde und Familie

Geburtstag in der Familie

KB 11 L spricht als Einstieg mit den S über die abgebildete Textsorte und ihren möglichen Inhalt (auch in der Muttersprache). Die Anzeige und die Fotos bauen eine Erwartungshaltung vor dem Hören auf. Beim ersten Hören in **a** sollen sich S nur auf die zwei Sprecher konzentrieren und die Situation global verstehen.
Beim zweiten Hören in **b** sollen S für den Unterschied zwischen der Du- und der Sie-Form sensibilisiert werden. Dabei hilft ihnen auch der abgedruckte Text.

AB 13 L kann anhand der Fotos zuerst gemeinsam mit S die vier Gesprächssituationen (*du*, *Sie* im Singular, *ihr*, *Sie* im Plural) klären.

AB 14 Die Sprechmelodie wird erneut aufgegriffen, indem die Fragen von AB 13 auf die Intonation hin untersucht werden. S sollen die Regel zur Aussprache selbst entdecken.

Kinder, Jugendliche und befreundete Erwachsene duzen sich, auch viele Arbeitskollegen sind per du. Erwachsene, die sich das erste Mal begegnen oder nicht so gut kennen, siezen sich aber. Auch Jugendliche ab ca. 14-15 Jahren werden oft schon von Erwachsenen gesiezt.
In der Schule fragen die Lehrer meist ab Klasse 11, 12, ob die Schüler gesiezt werden wollen.
In Deutschland spricht man junge Frauen nur noch mit *Frau xy* an. In Österreich ist auch *Fräulein* noch gebräuchlich.

KB 12 L und S betrachten das Foto und klären die Situation. L macht S auf die unterschiedlichen Gesprächssituationen aufmerksam: Wer duzt bzw. siezt wen?
S machen zunächst einen Vorentwurf zum Hören und vergleichen dann die Hörszene mit den eigenen Ideen. Es bietet sich an, das Geburtstagslied zu lernen und mitzusingen.

L kann S dafür sensibilisieren, dass es im deutschsprachigen Raum eher unüblich bzw. unhöflich ist, Erwachsene nach dem Alter zu fragen.

KB 13 S sollen fragen und auf die Fragen kurz reagieren. Sie können auch eigene Ideen ins Gespräch einbauen. Das Lied kann ebenfalls in die Szene eingebaut werden.

Rollenspiel ➔ Kopiervorlage S. 107

KB 14 S sollen beim Hören erkennen: Der Wortakzent liegt bei zusammengesetzten Nomen immer auf dem ersten Glied.

AB 15 Hier wird die Wortbildung mit der Aussprache der zusammengesetzten Nomen zusammengeführt. Mehrere Lösungen sind möglich.

AB Meine Grammatik

Familie im Plural: S können weitere Listen erstellen (z.B. Schule im Plural).

Übung zum Plural: *Was hast du mehrmals? Zähl auf.*
(Ich habe 5 Kulis, 3 Brüder …).

KB Im Team

Freundschaftsbuch: L und S klären zusammen unbekannte Wörter (z.B. *Farbe, Körpergröße*). Dann gestalten S nach der Vorlage eine Seite für ein Freundschaftsbuch. Die Blätter können auch eingesammelt, zu einem Heft zusammengestellt und für alle kopiert werden.

Deine Familie: Die Aufgabe bietet einen authentischen Sprechanlass, denn S sind in der Regel neugierig aufeinander und stellen viele Fragen. So lernen sie sich besser kennen, was zur Stärkung des Zusammengehörigkeitsgefühls als Gruppe führt.

S können in PA Interviews machen und das Freundschaftsbuch für den Partner ausfüllen. Das hat den Vorteil, dass sich S intensiv miteinander beschäftigen und am Ende ein gemeinsames Produkt entsteht, mit dem sich beide Partner identifizieren können.

Alles bunt!

Lernziele	Fertigkeiten	Textsorten	Sprachhandlungen	Sprachmittel und Sprachstrukturen	Aufgaben
Einstieg	• Sprechen		• Kleidungsstücke benennen	• Kleidungsstücke	KB 1
Mein Kleiderschrank • bestimmte und unbestimmte Artikel unterscheiden • äußere Eigenschaften angeben	• Sprechen • Hören		• Kleidungsstücke beschreiben • auf Nomen durch Pronomen verweisen	• Farben und Eigenschaften; • der bestimmte Artikel: *der / das / die* • Nomen durch Pronomen ersetzen: *er / es / sie* • *von* + Eigenname	KB 2–5 AB 1–9
Ich bin ein Star • Personen beschreiben	• Lesen • Hören • Sprechen • Schreiben	• Zeitungsartikel • Foto mit Kurzbeschreibung	• Informationen suchen und ordnen • sich mündlich und schriftlich beschreiben • ein Interview führen	• Adjektive zur Beschreibung des Äußeren	KB 6–10 AB 10–13
Bunte Typen • über Aktivitäten sprechen • Personen über Hobbys charakterisieren	• Hören • Schreiben • Sprechen • Lesen	• Kurzvorstellung von Personen • Liste über besondere Hobbys • Brief	• Personen beschreiben • über Vorlieben sprechen	• unregelmäßige Verben: *sehen, laufen, sprechen, essen, fahren, lesen*	KB 11–13 AB 14–18
Sprechtraining • Unterschied *ie* und *ei* • Unterschied *i* und *ie*					KB 14 AB 19
Ausstieg	• Schreiben • Sprechen		• Personen beschreiben		KB Im Team AB MG MW

4 Alles bunt!

Einstieg

KB 1 Durch die Fotos erfolgt der erste Einstieg in das Thema der Lektion. L und S betrachten zuerst das „Bildwörterbuch" am Rand auf Seite 33 und 34 und klären den Wortschatz. Anschließend ermuntert L die S dazu, über die abgebildeten Kleidungsstücke zu spekulieren. Verschiedene Antworten sind möglich.

L weist darauf hin, dass bestimmte Nomen zwar eine Singularform haben, aber fast immer im Plural gebraucht werden (*Socken, Schuhe*) und deshalb kein Artikel davor steht.

Mein Kleiderschrank

KB 2 Anhand der zwei Fotos werden die bestimmten Artikel eingeführt. S können sich gegenseitig in PA oder kreuz und quer durch die Klasse mithilfe eines weichen Balles befragen.

AB 1–2 Der Wortschatz wird gefestigt. L kann S auch dazu anregen, die Kleidungsstücke in der entsprechenden Farbe zu schreiben oder zu markieren.

Mit Farben lassen sich Artikel besser einprägen. Auf Lernplakaten können Nomen mit den Artikeln farbig aufgeschrieben und nach dem Genus gruppiert werden. Die Farben blau, grün und rot für *der, das, die* sollten während des ganzen Lernprozesses beibehalten werden.

KB 3 S ordnen die Farben den Kleidungsstücken zu. Bei der Einführung der Farben können S eventuell auch ihre Englischkenntnisse zu Hilfe nehmen.
Zur Festigung der Farben kann eine Klassenumfrage durchgeführt werden: *Was ist deine Lieblingsfarbe?* S befragen 5–6 Mitschüler.

AB 3 S können füreinander ähnliche Buchstabenrätsel erstellen.

AB 4 Die Wörter *Augen* und *Haare* kommen in Aufgabe 6 vor, können aber hier schon eingeführt werden.

L kann S fragen, ob sie noch andere Farben kennen, und diese an der Tafel sammeln.

Wortschatzerweiterung: 4–5 S arbeiten zusammen. Jede Gruppe bekommt ein Plakat in einer anderen Farbe, sammelt so viele Dinge von dieser Farbe wie möglich und notiert sie mit Artikel. Dazu stellt L jeder Gruppe ein Wörterbuch bereit. Die Plakate werden präsentiert.

KB 4 Bei der Zusammenführung des unbestimmten und bestimmten Artikels in **a** weist L auf den Unterschied hin: Der bestimmte Artikel wird verwendet, wenn man das erste Mal von einer Sache spricht, und der unbestimmte Artikel, wenn man von einer schon einmal erwähnten oder bekannten Sache spricht. Der unbestimmte Artikel hat im Unterschied zum bestimmten keine Pluralform. L weist auf den Baukasten S. 35 hin.
Beim Transfer zur persönlichen Lebenswelt der S in **b** macht L darauf aufmerksam, dass die Nomen durch die entsprechenden Pronomen ersetzt werden können.

AB 5 Bei diesen schwierigen Wörtern mit Konsonantenhäufung empfiehlt es sich, auch die Aussprache zu üben.

L bringt (bekannte) Dinge mit und legt sie gut sichtbar auf den Tisch. S betrachten die Dinge eine Minute lang, dann werden sie verdeckt. S müssen so viele Dinge wie möglich aus dem Gedächtnis (mit Artikel) notieren.
Erweiterung: Jeder S nimmt eines von den Dingen, S gehen durch die Klasse, tauschen die Dinge aus und sagen dabei z. B. folgenden Satz: *Das ist ein Kuli. Der Kuli / Er ist rot.* Das kann so lange gespielt werden, bis jeder S jedes Ding einmal in der Hand hatte.

AB 6 In der Übung werden alle bisher gelernten Artikelwörter zusammengeführt. Rückwirkend sollen S die bestimmten Artikel für die bisher bekannten Wörter lernen. L weist auf das „Sei schlau!"-Kästchen hin, das S bei der Lösung hilft.

Artikelspiel ➔ Kopiervorlage S. 108

AB 7 Auch hier geht es darum, rückwirkend die Artikel bewusst zu machen und dazu Listen anzulegen. S können die Wörter auch in den drei Farben für die verschiedenen Artikel aufschreiben.

AB 8 L kann die Fotos als Sprechanlass nehmen und fragen: *Was seht ihr auf den Fotos? Was passiert?* Der zweite Text eignet sich gut zum Vorlesen, um die Intonation zu üben.

KB 5 Bei der Hörverstehensaufgabe geht es um selektives Hören, S sollen nur die Kleidungsstücke erkennen.
In **b** wird der Adjektivwortschatz erweitert und die Präposition *von* in Verbindung mit Eigennamen aktiv angewandt. Die Aufgabe bereitet auf das Textverstehen in KB 6 vor.

S können auch über Kleidungsstücke ihrer Mitschüler sprechen.

AB 9 Der Hörtext in KB 5 wird nochmals gehört, diesmal geht es um Detailverstehen.

Ich bin ein Superstar

KB 6 L und S betrachten die Artikel und die Fotos, die S mit detaillierteren Personenbeschreibungen vertraut machen sollen. Zunächst müssen die Oberbegriffe in der Tabelle geklärt werden, dann suchen S zu zweit die passenden Informationen, schließlich wird im Plenum die Bedeutung aller Wörter geklärt.

AB 10 Der Wortschatz wird neu sortiert. Lerntipp: Adjektive wenn möglich sofort als Gegensatzpaare lernen und im Wörterheft notieren.

S werfen sich einen weichen Ball zu, S1 sagt ein Adjektiv, S2 ergänzt das Gegenteil, nennt ein neues Adjektiv, S3 ergänzt wieder das Gegenteil usw.

KB 7 In den Hörtexten kommt sprachlich Bekanntes vor.
Die Informationen von Aufgabe 6 und 7 dienen als Grundlage für die eigene Beschreibung in Aufgabe 8.

AB 11–12 Die Personenbeschreibung wird weiter geübt.

KB 8 Die Personenbeschreibung erfolgt mithilfe des Baukastens auf S. 37. Dabei sollen eher lustige, übertreibende Collagen und Beschreibungen entstehen. L sollte darauf achten, dass bei der Aufgabe niemand ausgelacht und verletzt wird. Wenn es L vorzieht, können S auch „ganz neue" Personen erfinden.

S können auch einen Mitschüler (PA) beschreiben. Oder ein freiwilliger S steht als Model vorn, die anderen beschreiben ihn.

KB 9 S beschreiben sich schriftlich. Auch die Bewerbung soll eher lustig und nicht allzu ernst sein. L kann die Bewerbungen einsammeln und die Texte den Collagen zuordnen lassen.

AB 13 Die Übung dient zur Vorbereitung auf das frei gestaltete Interview in KB 10.

KB 10 Bei der Vorbereitung und Durchführung der Interviews wenden S die neu gelernten Strukturen frei an und festigen sie.

4 Alles bunt!

Bunte Typen

KB 11 In der Aufgabe werden zunächst neue Verben (regelmäßige und unregelmäßige) eingeführt. L und S betrachten als Einstieg das Bild, sprechen über schon bekannte Aktivitäten und versuchen den neuen Wortschatz zu erschließen.
Beim ersten Hören in **b** sollen S nur das Verb erkennen und die Texte global verstehen. Nach dem zweiten Hören in **c**, bei dem selektives Verstehen gefragt ist, weist L auf die Verbformen der 3. Person hin: *liest, läuft, fährt.*

L kann S dazu anregen, selbst den Unterschied zwischen Infinitiv und 3. Person Singular herauszufinden.

AB 14 Die Übung fokussiert auf die unregelmäßigen Verben in der 3.Person.

KB 12 S festigen die Verben, indem sie die Infinitivformen wie im Beispiel herausschreiben. Danach erfolgt die Systematisierung der Formen im AB.

AB 15 Hier kommt auch die 2. Person Singular hinzu. S entdecken und ergänzen selbst die Regel für die unregelmäßigen Verben.

AB 16 S wenden die Verbformen an. Die Übung kann als Kettenspiel oder in GA durchgeführt werden. L weist auf die besonderen Formen im Kästchen hin.

Die Lesetexte werden abgedeckt, S sprechen über die drei Personen, indem sie nur ihre Notizen im Infinitiv verwenden.

Differenzenspiel: Jede Gruppe (ca. 4 S) notiert auf einem Plakat so viele Gemeinsamkeiten und Unterschiede wie möglich (z.B. *Maya isst gern Eis, aber Kevin, Steffi und Olaf essen gern Schokolade. Wir sehen alle gern Krimis. Nur Kai läuft gern Schi*).

Hobbys ➔ Kopiervorlage S. 109

KB 13 S wenden die Verben frei an. Der Baukasten kann zu Hilfe genommen werden.

AB 17 Abschließende Aufgabe zum Leseverstehen.

AB 18 Bei der abschließenden Wortschatzübung soll auch die Regel zur Betonung wiederholt werden.

KB 14 L kann S ermuntern, den Abzählreim auswendig zu lernen.

AB 19 Hier werden S für den Unterschied zwischen langem und kurzem <i> sensibilisiert. Wichtig ist in diesem Zusammenhang die Schreibweise, deshalb sollten die Sätze in **b** neu abgeschrieben werden.

AB 20 Da bisher schon viele Wörter mit *sch* bzw. *sp / st* vorgekommen sind, sollte an dieser Stelle die Regel zur Aussprache und zur Orthografie geklärt werden: *st* und *sp* am Wortanfang spricht man als [ʃp], [ʃt].

Lange und kurze Vokale sind im Deutschen sehr wichtig. Sie können Bedeutungsunterschiede (*Weg, weg*) oder Unterschiede der Schreibung (*Fluss, Fuß*) nach sich ziehen. L kann neue Wörter in die Lauttabelle im Grammatikanhang einordnen lassen.

AB Meine Grammatik

Verben: Bei der Gegenüberstellung von Personen können S auch eigene Texte von sich und anderen schreiben.

KB Im Team

Das **Bilddiktat** kann auch in Gruppen durchgeführt werden: L hängt oder projiziert eine Figur an die Wand. Eine Gruppe (Reihe) sitzt mit dem Rücken zur Figur, die zweite Gruppe muss seinem Gegenüber die Figur beschreiben. Der Partner zeichnet. Das Aha-Erlebnis ist sehr spannend, wenn sich die zeichnende Gruppe am Ende umdrehen darf.

L kann auch ausgeschnittene Bilder aus Zeitungen mitbringen, die S sich gegenseitig beschreiben. Oder S bringen selbst Fotos mit.

Heute ist mein Tag!

Lernziele	Fertigkeiten	Textsorten	Sprachhandlungen	Sprachmittel und Sprachstrukturen	Aufgaben
Einstieg	• Hören • Sprechen		• Uhrzeit verstehen: *Wie viel Uhr ist es? Es ist …*		KB 1 AB 1
Mein Alltag • Uhrzeiten: informelle und formelle Zeitangabe unterscheiden • Tagesablauf beschreiben	• Hören • Lesen • Schreiben • Sprechen	• Zeitansage • Tagesplan • Interview aus einer Schülerzeitung	• Uhrzeiten angeben: *Wann …? Um …* • Zeitangaben in einem Text verstehen und ordnen • Tagesabläufe vergleichen und beschreiben	• Uhrzeit • wichtige trennbare Verben	KB 2–6 AB 2–10
Endlich Wochenende! • über Uhrzeiten, Tageszeiten und Aktivitäten sprechen • etwas verneinen	• Hören • Lesen • Sprechen • Schreiben	• Anrufbeantworter • Durchsage am Flughafen • SMS	• Situationen erkennen • Informationen zuordnen • Satzbau variieren • den Sonntag beschreiben	• Tageszeiten • Stellung des Verbs im Satz • einen Satz mit *nicht* verneinen	KB 7–10 AB 11–14
Sprechtraining • *au – ei – eu / äu*					KB 11 AB 15
Freizeitstress • über das Wochenprogramm sprechen	• Lesen • Hören • Sprechen	• Ausschnitt aus einem Zeitungsartikel • Terminkalender	• das Thema eines Artikels verstehen • einen Wochenkalender ausfüllen und über das Wochenprogramm sprechen • Tätigkeiten mit transitiven Verben ausdrücken	• Temporaladverbien: *montags, dienstags, …* • Akkusativ des unbestimmten Artikels • *haben* + Akkusativ • Sätze verbinden mit *aber*	KB 12–15 AB 16–20
Ausstieg	• Schreiben • Sprechen • Hören	• Liedtext	• ein Lied hören • den Traumtag und die Traumwoche beschreiben		KB Im Team AB MG MW

5 Heute ist mein Tag!

Einstieg

KB 1 S machen sich mit der Uhr vertraut. Sie sollen beim Zuhören die Uhrzeiten – vorerst nur volle Stunden – verstehen. L führt die Struktur: *Wie viel Uhr ist es? Es ist …* ein.

AB 1 Die Uhrzeit wird durch Zeitansagen am Telefon weitergeübt. (L stoppt nach jeder Angabe kurz das Gerät.)

Als Vorbereitung auf das Thema „Uhrzeiten" empfiehlt sich eine kurze Wiederholung der Kardinalzahlen.

Mein Alltag

KB 2 Anhand der beschrifteten Uhr sollen S in **a** die inoffiziellen Uhrzeiten herausfinden.
In **b** sollen S den Unterschied zwischen dem Gebrauch inoffizieller und offizieller Zeitangaben selbst entdecken – diese Frage kann auch in der Muttersprache erörtert und mit den Zeitangaben in der Muttersprache verglichen werden.

L erklärt, wie die illustrierte Uhr S beim Herausfinden der Uhrzeiten hilft. Dabei wird die Bedeutung von *vor, nach, halb, Viertel* geklärt.

AB 2 In der Übung wird die inoffizielle Uhrzeit gefestigt.

AB 3 L sollte den Unterschied zwischen *eins* (Zahl, inoffizielle Uhrzeit), *ein Uhr* (offizielle Uhrzeit), *eine* (unbestimmter Artikel) deutlich machen.

AB 4 Hier werden offizielle und inoffizielle Zeitangaben gegenübergestellt.

KB 3 S versuchen beim Lesen zunächst die Bedeutung der neuen Wörter zu erschließen, dann werden sie im PL besprochen.
In **b** werden die trennbaren Verben bei der Formulierung der Sätze zwar angewandt, S konzentrieren sich aber hier noch auf die Zeitangaben. Die grammatische Erarbeitung dieser Verben erfolgt im AB. Auf dieser Stufe wird der Tagesablauf auf die wichtigsten Tätigkeiten beschränkt, um S nicht mit Wortschatz zu überfordern.

L weist darauf hin, dass es eine wichtige Strategie ist, Wortbedeutungen aus dem Kontext oder mithilfe bekannter Elemente zu erraten.

AB 5 S üben die Uhrzeiten und die neuen Wörter.

KB 4 In **a** können S die Informationen im Text markieren, mit einem Partner vergleichen und herausschreiben. In **b** ordnen sie die Angaben so, dass ein Notizzettel wie in KB 3 entsteht.

AB 6 Da der Text in KB 4 nicht einfach ist, werden die trennbaren Verben in AB 6, 7 an einem einfacheren Text kleinschrittig erarbeitet. Diese Übungen können dem Text im KB auch vorgeschaltet werden.

AB 7 Spätestens hier lenkt L die Aufmerksamkeit der S auf die Satzstellung: Das Verb bleibt auf Position 2, das Subjekt steht nach dem Verb. S können die Verben im Text in zwei Farben für normale und trennbare Verben markieren.

AB 8 Natürlich gibt es viele Möglichkeiten, S sollen aber nur die ihnen bereits bekannten Verben finden.

AB 9 S können als Zwischenschritt den ersten Teil der Verben im Text markieren und eventuell den Infinitiv notieren.

AB 10 L verdeutlicht den Unterschied von *zu Mittag / zu Abend essen* (wie trennbare Verben) und *das Mittag- bzw. Abendessen* (Nomen).

Lebende Sätze: Jedes Wort eines Satzes steht auf einem Post-it. Entsprechend viele S bilden eine Satz-Gruppe. Jeder klebt ein Post-it auf den Pulli und die Gruppe stellt sich in der richtigen Syntax auf: z.B.: Maria: *Ich*, Hannes: *stehe*, Franziska: *um*, Lisa: *6.20 Uhr*, Martin: *auf*. (Man kann für das trennbare Verb andere Farben nehmen; ebenso für *nicht*.)

KB 5 In der Aufgabe erfolgt der Transfer zum Lebensalltag der S: Sie wenden das Gelernte auf die eigene Person an (Notizzettel), geben die Informationen aber in der 3. Person wieder.

Partnerdiktat zum Tagesablauf: ➔ Kopiervorlage S. 110

KB 6 In der komplexen Aufgabe wenden S alle gelernten Elemente an und verwenden die Verben in der 1. und 2. Person.

Endlich Wochenende!

KB 7 L und S betrachten die Fotos und sprechen als Einstieg über die dargestellten Situationen.
In **a** erfassen S durch globales Hören die Situation. In **b** geht es um selektives Hören: S sollen die Uhrzeiten verstehen. In **c** wird der Wortschatz mit den Tageszeiten erweitert.

In den DACH-Ländern geht der Morgen bis etwa 10 und der Tag bis 18 Uhr. Gute Nacht sagt man nur als Abschied, bevor man ins Bett geht.

Eine Zugreise ➔ Kopiervorlage S. 111

KB 8 Nach der Zuordnung der Tageszeiten klären L und S gemeinsam den neuen Wortschatz. S müssen die SMS gut verstehen, um in **b** Sätze zu bilden.
Für **b** kann L eine bestimmte Zeit vorgeben: Wer bildet die meisten Sätze? L kann nochmals auf die Satzstellung hinweisen, wenn auf Position 1 nicht das Subjekt, sondern eine andere Information steht.

L weist auf den Baukasten hin: Bei Tageszeiten kommt als Antwort auf die Frage *Wann?* *immer am …* Ausnahme: *in der Nacht.*

AB 11 Die Hörübung ist eine mögliche Erweiterung zum Thema „Wochenende".

In Österreich ist *zu Mittag* gebräuchlich.

KB 9 Die Äußerungen dienen als Muster zum eigenen Schreiben in **b**.
Die Informationssammlung wird als Ausgangspunkt für eine Ideensammlung zum Schreiben genutzt. Beim Schreiben festigen S den neuen Wortschatz und die neuen Strukturen: Uhrzeit, Tageszeit, Satzbau.
Noch vor dem Verfassen eigener kleiner Texte sollte L die Negation des Satzes mithilfe des Baukastens einführen.

Die Texte über den Sonntag können von L eingesammelt und neu ausgeteilt werden, jeder S liest einen Text vor, die anderen müssen erraten, wer ihn geschrieben hat.

AB 12 Der Text passt thematisch zu KB 9 und kann zum Schreiben weitere Impulse geben.

KB 10 S stellen sich in PA Entscheidungsfragen, um die Negation des Satzes zu üben.

S werfen sich einen weichen Ball zu und befragen sich kreuz und quer durch die Klasse.

AB 13–14 Für die Stellung von *nicht* gibt es keine einfache Regel, in **13 b** können S probieren, selbst Regeln aufzustellen. Im Bedarfsfall hilft L: Bei Verneinung des ganzen Satzes steht *nicht* am Satzende, bei trennbaren Verben vor dem 2. Teil des Verbs. Verbkonstruktionen wie *Tennis spielen, schlafen gehen, zu Mittag essen* verhalten sich wie trennbare Verben.

KB 11 Die Aufgabe kombiniert die Aussprache der Laute *au, ei, eu / äu* mit dem Wortschatz zum Tagesablauf. In **b** können S die gehörten Wörter abhaken. Der Text sollte mehrmals gehört werden.

AB 15 Hier ist der Hörtext zu KB 11 abgedruckt, zur Kontrolle kann man ihn noch einmal hören.

5 Heute ist mein Tag!

Freizeitstress

KB 12 Der Zeitungstext leitet das Thema ein und soll nur global verstanden werden, d. h. S sollen den zentralen Begriff *Freizeitstress* verstehen.

KB 13 L kann bei Bedarf vor dem Hören die Wochentage wiederholen. Der Text sollte zweimal gehört werden. Nach dem Hören weist L auf die Adverbien *montags, dienstags …* hin.

S befragen sich gegenseitig mit einem weichen Ball: *Was machst du montags?*

AB 16 S schreiben ihr Wochenprogramm auf und vergleichen es mit dem vorgegebenen.

KB 14 Ausgehend von der dargestellten Situation wird der Akkusativ mit dem unbestimmten Artikel eingeführt: L erläutert anhand der Beispiele und des Baukastens die Bildung. Durch die Farben werden die grammatischen Zusammenhänge verdeutlicht. S müssen nur auf die maskuline Form *einen / keinen / meinen* achten.
Es gibt viele Kombinationsmöglichkeiten, die Lösungen werden in PA bzw. im PL verglichen.

Dalli-Dalli: S notieren – ev. in GA – möglichst viele Wörter mit dem unbestimmten Artikel zu einem Thema (Zeit: je 1 Minute):
Ich esse: / Ich trinke: / Ich kaufe: / Ich schreibe: / Ich lese: / Ich höre: / Ich sehe: …

AB 17 Die Übung kann erweitert werden: S gehen mit Notizzettel durch die Klasse, stellen 3 Personen die Frage *Was möchtest du zum Geburtstag?* und notieren die Namen und Antworten.

L fragt S1: *Was schenkst du Agnes zum Geburtstag?* S1 antwortet und fragt S2: *Was schenkst du Pablo zum Geburtstag?* usw. (wird mit weichem Ball gespielt).

KB 15 Nach dem globalen Hören in **a** wird in **b** das Verb *haben* + Akk. eingeführt. L weist auch auf die zu *eine/e/n* analoge Bildung von *kein/e/n* hin.

AB 18–20 Festigung von *ein/e/n* und *kein/e/n*.

AB Mein Wortschatz

Fragebogen: S können in PA einen Fragebogen mit zusätzlichen Fragen entwerfen und sich gegenseitig interviewen.

Ein Paar befragt ein anderes Paar.

KB Im Team

Traumtag: S arbeiten in GA und machen auf einem Plakat eine Mind-Map zum Thema Traumtag. Anschließend arbeiten zwei Gruppen zusammen, tauschen ihre Ideen aus (dieser Vorgang kann je nach Bedarf und Zeit mehrmals wiederholt werden). Zum Schluss beschreiben S in GA ihren Traumtag und präsentieren ihren Text im PL oder einer anderen Gruppe.

Traumwoche: L teilt S Kopien von leeren Kalenderblättern aus, auf denen eine ganze Woche mit Uhrzeiten abgebildet ist. S notieren oben ihren Namen und füllen 5 Aktivitäten stichwortartig aus, z. B. *Schule, Film sehen, E-Mail schreiben*. Dann werden die Blätter dem linken Nachbarn weitergereicht, der eine Aktivität dazuschreibt und das Blatt nach links weitergibt usw. Nach einer vereinbarten Zeit bekommt jeder S seinen ursprünglichen Wochenplan zurück, den er nun verschriftlichen soll (*Am Montag gehe ich um 7.30 in die Schule. Am Mittwoch sehe ich abends einen Film* usw.).

Ähnliche Vorgangsweise wie beim Traumtag denkbar. Erfahrungsgemäß sind S beim Ausdenken von Aktivitäten für die Mitschüler sehr kreativ und einfallsreich, was sich positiv auf die Arbeitsmotivation auswirkt.

Treffpunkte

Lernziele	Fertigkeiten	Textsorten	Sprachhandlungen	Sprachmittel und Sprachstrukturen	Aufgaben
Einstieg	• Lesen	• SMS	• Orte identifizieren		KB 1 AB 1–2
Verabredung fürs Kino • Zeitangaben verstehen und einen Treffpunkt vereinbaren	• Lesen • Hören • Sprechen	• Kinoprogramm • Radiowerbung für Filme • Telefongespräch: Verabredung • Fotogeschichte	• einem Kinoprogramm / einer Radiowerbung Informationen entnehmen • Verabredungen verstehen und nachspielen	• Datum mit Ordinalzahlen • Temporalangaben mit *am, um, in, von, bis*	KB 2–6 AB 3–10
Treffpunkt Medien • über Rechte und Pflichten sprechen	• Lesen • Sprechen • Hören • Schreiben	• Leserbrief • Vorschriften für Jugendliche (Tabelle)	• über Rechte und Pflichten lesen und diskutieren • sich auf eine Diskussion vorbereiten: Notizen machen	• Modalverben: *müssen, dürfen, möchte*	KB 7–10 AB 11–16
Sprechtraining • *ö* und *ü*					KB 11 AB 17–18
Im Eiscafé • eine Speisekarte verstehen und im Café etwas bestellen	• Lesen • Hören • Sprechen	• Einladung • Speisekarte	• einer Einladung Informationen entnehmen • etwas im Café bestellen • eine Szene im Eiscafé spielen	• Speisen und Getränke bestellen: *möchte* + Akkusativ	KB 12–15 AB 19–21
Ausstieg	• Schreiben • Sprechen		• eine Top-Pflichten-Liste erstellen • Verbotsschilder erraten • einen Wunschzettel schreiben • eine Verabredungsszene spielen		KB Im Team AB MG MW

6 Treffpunkte

Einstieg

KB 1 S werden mit den Treffpunkten vertraut gemacht, die in der Lektion vorkommen. Bevor S die SMS den Fotos zuordnen, kann L fragen, was S auf den einzelnen Fotos sehen. Beim Zuordnen der SMS können S die Schlüsselwörter markieren.

S schreiben selbst eine SMS zu einem Foto, die anderen raten, zu welchem Treffpunkt sie passt.

AB 1 Ohne hier auf den Akkusativ und den Dativ einzugehen, üben S die Ortsangaben in Verbindung mit der Präposition *in*. Dies ist für die Kommunikationssituationen der Lektion notwendig, die Strukturen sollen aber zunächst als lexikalische Einheiten gelernt werden.

AB 2 Gelenktes Schreiben: S schreiben mit den Bausteinen SMS.

Verabredung fürs Kino

KB 2 Aufgabe **a** soll als spielerische Übung aufgefasst werden, bei der S das Programm lediglich überfliegen, um die Höraufgabe in **b** leichter lösen zu können.
In den gehörten Filmtipps konzentrieren sich S auf das Datum, d.h. die Zahlen. Der Text sollte zweimal gehört werden. L kann zur Erleichterung darauf hinweisen, dass alle Filme am selben Tag starten. S lernen die Struktur *am fünften Achten* und die Ordinalzahlen.

AB 3 S wiederholen Adjektive in einem neuen Kontext.

Die ersten drei Ordinalzahlen (*erst-*, *zweit-*, *dritt-*) sind unregelmäßig und müssen gelernt werden. Bis zur Zahl 20 kommt die Endung *-te*, dann *-ste*.
Bei Bedarf können auch die Monatsnamen eingeführt werden.

KB 3 Zur Vorbereitung der Hörszene ist es wichtig, die Sätze zunächst genau zu lesen. S können sich schon vor dem Hören eine mögliche Reihenfolge überlegen. L kann darauf hinweisen, dass die Sätze nur ein Gerüst des Hördialogs sind.
Nach dem Hören lesen S ihre Lösungen in PA und hören dann noch einmal zur Kontrolle. Dieses Gerüst dient ihnen später als Modell für den eigenen Dialog im KB.

Wann treffen wir uns? soll von S als feste Wendung gelernt werden. Die reflexiven Verben sollen hier noch nicht thematisiert werden.

AB 4–5 Die Übungen bereiten inhaltlich die eigenen Dialoge der S vor. Sie können auch direkt vor KB 6, in einem Block mit AB 7–8 eingesetzt werden.

KB 4 Als Einstieg können S den Text abdecken und versuchen, die Fotogeschichte mit eigenen Worten zu erzählen. Nach der Zuordnung der Texte zu den Fotos stellt L Fragen zu den Zeitangaben, z. B. *Wann klingelt das Telefon?*

L kann bei eigener Nacherzählung mit Wortschatz aushelfen. Die Beschreibung kann auch mit weichem Ball durchgeführt werden: Wer den Ball hat, beschreibt das nächste Bild.

AB 6 Die Übung ist eine fakultative Ergänzung zur Fotogeschichte.

AB 7–8 Die Übungen können auch vor der Fotogeschichte, nach KB 3 gelöst werden. Hier wird das Datum noch genauer erarbeitet: im Nominativ und mit der Präposition *am* als Antwort auf die Frage *wann*. L weist auf den Baukasten hin und fasst die verschiedenen Präpositionen zusammen.

KB 5 Beim ersten Hören geht es nur um globales, beim zweiten Hören um selektives Verstehen: S sollen Datum und Uhrzeit heraushören.

Auch diese Aufgabe dient als Modell einer Verabredung und bereitet auf KB 6 vor.

AB 9 Die Übung kann auch in einem Block mit AB 4 und 5 behandelt werden. Die Arbeit mit dem Dialogmuster bereitet das freie Sprechen in KB 6 vor. Da hier das erste Mal mit einem Dialogmuster gearbeitet wird, empfiehlt es sich, das Muster mithilfe der S an der Tafel zu skizzieren. L und S überlegen sich gemeinsam mögliche Fragen und Antworten zu den Punkten – diese Informationen können auch angeschrieben werden.

Binnendifferenzierung: Lernstarke S spielen den Dialog gleich, lernschwächere S schreiben ihn zuerst auf, decken das Geschriebene dann aber ab und probieren ebenfalls, nur mit dem Dialogmuster zu sprechen.

KB 6 Nach den zwei Beispielen und der Erarbeitung aller notwendigen Strukturen spielen S die Szene mithilfe des Kinoprogramms.

S können sich am Dialogmuster von AB 9 orientieren.

AB 10 Die Übung bietet eine weitere Möglichkeit zur Festigung des Datums und der für eine Verabredung nötigen Strukturen.

L weist auf die Schreibung zusammengesetzter Zeitangaben hin.

Treffpunkt Medien

KB 7 Der Leserbrief dient als inhaltlicher Ausgangspunkt zur Erarbeitung des Themas „Rechte und Pflichten". S erfassen den globalen Inhalt des Leserbriefs, bevor sie auf die neuen Strukturen mit den Modalverben *müssen* und *dürfen* in **b** übergehen. Anhand der Merkzettel wird die Bedeutung der zwei Modalverben geklärt. Die Beispielsätze verdeutlichen ihre Verwendung im Satz. Zuerst wird nur die 3. Person eingeführt.

AB 11–12 Der Wortschatz und die Modalverben müssen, *dürfen* werden gefestigt.

AB 13 S verwenden die Modalverben in der 1. Person Plural. Zuerst arbeiten S in PA, dann bilden immer 2 Paare eine Gruppe. S vergleichen ihre Rechte und Pflichten und einigen sich auf ein gemeinsames Ergebnis, das der Klasse präsentiert wird.

L kann farbige Plakate für die Rechte und Pflichten austeilen. In GA können auch gemeinsam Klassenregeln erarbeitet werden.

AB 14 Mit dem Lückentext werden die Modalverben im Singular geübt. L ruft die Bedeutung von *möchte* in Erinnerung.

KB 8 Hier kommt die 3. Person Plural von *dürfen* hinzu. L sollte zunächst alle Ausdrücke in der Tabelle klären, ein bis zwei Beispielsätze gemeinsam formulieren lassen und an die Tafel schreiben.

AB 15 Auch hier sollen S die Strukturen als lexikalische Einheiten lernen, ohne dass die Wechselpräpositionen thematisiert werden.

Diese Vorschriften sind von Land zu Land verschieden. Es bietet sich ein Vergleich an: *Sammelt Informationen über euer Land / Österreich / die Schweiz und gestaltet eine ähnliche Tabelle.*

KB 9 In der Höraufgabe werden die bisher gelernten Modalverben zusammengefasst und mit der 2. Person ergänzt. Außerdem werden S auf die eigenen Äußerungen in KB 10 vorbereitet. Vor dem Hören ist es wichtig, die Sätze im Buch genau zu lesen.

S befragen sich in PA auf der Basis der Aussagen von KB 9 mit Ja / Nein-Fragen: z.B. *Darfst du ins Kino gehen?*

AB 16 S können auch in GA arbeiten: Welche Gruppe hat am schnellsten 5–8 richtige Sätze?

6 Treffpunkte

KB 10 Diese Aufgabe bedarf intensiver Vorbereitung und Unterstützung durch L: L geht herum und hilft z.B. den Moderatoren – die pro Team auch zu zweit auftreten können – einleitende Sätze zu finden, wie z.B. *Hier ist das Jugendforum. Das Thema heute: Jugendliche. Was müssen sie, was dürfen sie?* Die Gruppen können ihre Diskussion der ganzen Klasse vorspielen oder sich umsetzen und das Gespräch noch einmal führen.

AB 17–18 Möglicherweise müssen S erst lernen, diese Laute zu bilden. Zunächst sollen sie sich auf die Laute beim Hören konzentrieren, und sie dann durch die Abgrenzung zu den Lauten *i* bzw. *e* selbst bilden. Der Trick im Kästchen hilft.

L sollte auf die beiden Fragemöglichkeiten hinweisen:
– *Musst du zu Hause aufräumen?* (Ja / Nein-Frage; Verb auf Position 1)
– *Was musst du zu Hause machen?* (W-Frage, Verb auf Position 2)

KB 11 Im Gedicht, das den Abschluss der Sprechübungen bildet, kommen viele Wörter mit *ö* und *ü* vor, S achten hierbei auf die korrekte Aussprache. (Zum Nachsprechen stoppt L das Gerät nach jedem Abschnitt.) Man kann auch einen kleinen Vorlesewettbewerb veranstalten oder S dazu anhalten, das Gedicht auswendig zu lernen.

Gedicht in PA auswendig lernen: S1 lernt die 1., 3., 5. …, S2 die 2., 4., 6. … Zeile. Gemeinsames Lernen macht mehr Spaß und baut Ängste ab.

Im Eiscafé

KB 12 Die Aufgabe leitet den Schauplatz der dritten Doppelseite sowie neue Wörter ein.

Die Bücher sind zu. L fragt S, was man alles in einem Eiscafé bekommen kann, und macht eine Mind-Map an der Tafel.

KB 13 L weist darauf hin, dass das Verb *möchte* als Modalverb mit einem anderen Verb oder als Vollverb mit einem Akkusativ gebraucht werden kann. (*Ich möchte einen Saft trinken. Ich möchte einen Saft.*) Die Aufgabe erleichtert das Verstehen des folgenden Hörtextes.

AB 19 Der neue Wortschatz wird gefestigt.

S können sich auch gegenseitig mit einem weichen Ball befragen. Sie befragen sich auch nach den Preisen und festigen dabei die Zahlen.

KB 14 Die Situation sollte zweimal gehört werden. Nach dem ersten Hören sollten S die Sätze im Buch genau lesen. Davon ausgehend werden die für die Situation notwendigen Redemittel erarbeitet: L und S klären gemeinsam den neuen Wortschatz.

AB 20–21 Die Strukturen und Redemittel für eine gelungene Kommunikation im Café werden gefestigt.

KB 15 In der abschließenden Aufgabe wenden S das Gelernte frei an. L kann gemeinsam mit S an der Tafel ein Dialogmuster wie in AB 9 skizzieren. Vor allem lernschwächere S sollen sich an das Dialogmuster halten.

Wenn sich S an das Dialogmuster halten, vergessen sie nichts und machen keinen Minimaldialog.

Speisekarte von einem Wiener Kaffeehaus: ➲ Kopiervorlage S. 112

AB Mein Wortschatz

Ich muss, ich möchte, aber …

S schreiben in EA, PA oder GA anhand des Musters ein eigenes Gedicht mit beliebigen Wörtern.

KB Im Team

Die ersten drei Aufgaben können auch von verschiedenen Teams gleichzeitig gelöst werden. S können mithilfe des L ihren Wortschatz den individuellen Bedürfnissen anpassen.
In der letzten Aufgabe können S auf die Situationen der Lektion zurückgreifen und diese variieren.

Plakatarbeit in GA: Jede Gruppe bearbeitet ein Thema: *Was muss / darf man (nicht) in der Schule / im Kino / im Eiscafé / im Stadion / im Auto / zu Hause / auf einer Geburtstagsparty / im Internet / in der Disko?*

Brettspiel zur Wiederholung: ➲ Kopiervorlage S. 113

Hurra, ein Schulfest!

Lernziele	Fertigkeiten	Textsorten	Sprachhandlungen	Sprachmittel und Sprachstrukturen	Aufgaben
Einstieg	• Hören • Sprechen	• Lied • Kalender	• Informationen ordnen und erschließen	• Monate, Jahreszeiten, Feste	KB 1 AB 1–2
Einladung zum Fest • jemanden einladen	• Lesen • Sprechen • Hören • Schreiben	• Aushang am Schwarzen Brett • Veranstaltungsprogramm • schriftliche Einladung • Einladungsgespräche	• Vorschläge machen • Absichten äußern • einem Programm Informationen entnehmen • jemanden einladen, eine Einladung annehmen oder ablehnen	• die Modalverben *können* und *wollen* • Fragewort im Akkusativ • Personalpronomen im Akkusativ	KB 2–6 AB 3–12
Mach mit beim Fest! • etwas organisieren • jemanden auffordern • den Ablauf planen	• Lesen • Hören • Sprechen • Schreiben	• E-Mail • Rezept	• jemanden auffordern • ein Rezept verstehen • die zeitliche Abfolge rekonstruieren	• Imperativ • zeitliche Abfolge: *zuerst, dann, danach, zum Schluss*	KB 7–10 AB 13–18
Rund um das Fest • den Akkusativ verwenden	• Sprechen • Hören • Lesen	• Kurzinterviews • Partydialoge	• Gegenstände auswählen • Partydialoge spielen	• der Akkusativ von *der / das / die* • Systematisierung des Akkusativs	KB 11–14 AB 19–23
Sprechtraining: • Ich-Laut und Ach-Laut					KB 15 AB 24
Ausstieg	• Schreiben • Sprechen • Lesen • Hören	• Kalender • Gedicht	• einen Klassenkalender erstellen • ein Gedicht ergänzen		KB Im Team AB MG MW

7 Hurra, ein Schulfest!

Einstieg

KB 1 Mit dem Lied lernen S die Monatsnamen. Vorher sollte L den Text nachsprechen lassen und dabei auf die Aussprache achten.
Im Kalender stehen nur die wichtigsten Feste. Vom Datum können S auf deren Bedeutung schließen.

In Österreich sagt man statt Januar *Jänner*.
Statt *Frühling* sagt man manchmal auch *Frühjahr*.

AB 1 Temporalangaben mit verschiedenen Präpositionen werden zusammengeführt. L weist auf die hilfreiche Regel im Kästchen hin.

AB 2 Wenn S als erste Fremdsprache Englisch lernen, können die Unterschiede in Schreibung und Aussprache bewusst gemacht werden.

L kann im Bedarfsfall mehr Informationen zu den Festen geben.

Einladung zum Fest

KB 2 In der Aufgabe wird zunächst der situative Rahmen (Schulfest) und die Bedeutung des Modalverbs *können* (hier nur zum Ausdruck der Möglichkeit) anhand der Beispiele geklärt. In **b** üben S die Verwendung von *können*. Dabei können sie die Beispiele aus **a** als Modell verwenden.

AB 3 Die Verb-Nomen-Verbindungen aus dem KB können variiert werden. S können in GA auch eigene Vorschläge sammeln.

KB 3 Die Einführung der Modalverben wird fortgesetzt: L erläutert die Bedeutung von *wollen*, dabei kann er den Baukasten zu Hilfe nehmen. L kann für das Rollenspiel Rollenkärtchen vorbereiten oder von S selbst schreiben lassen, einsammeln und neu austeilen.

Wer-Spiel mit Modalverben ➔
Kopiervorlage S. 114

AB 4 Der Bedeutungsunterschied von *können* und *wollen* wird verdeutlicht.

AB 5 L weist auf den Unterschied zwischen *wollen* und *möchte* hin. Außerdem kann L die Satzstellung bei *aber* unterstreichen (*aber* = Position Null).

AB 6 Die bisher vorgekommenen Modalverben werden systematisiert.

Jeder S bekommt einen Zettel, notiert einen Satzanfang mit Modalverb und gibt ihn dem linken Nachbar weiter, dieser setzt den Satz mit *aber* fort und gibt das Blatt wieder weiter, S3 schreibt auch einen Teilsatz mit *aber* usw. Nach einigen Runden gemeinsame Korrektur.

KB 4 Hier erhalten S ein Muster für eine Einladung. Im Anschluss an die inhaltliche Bearbeitung thematisiert L die Personalpronomen im Akkusativ. Diese werden in den folgenden zwei Aufgaben geübt.

L fragt S als Einstieg, was wann stattfindet, sodass die temporalen Präpositionen nochmals geübt werden.

AB 7–8 Die Personalpronomen im Nominativ und Akkusativ werden systematisiert und gefestigt. L weist auf die Lernhilfe im Kästchen hin: Diese Personalpronomen haben nur eine Form in beiden Fällen.

S befragen sich gegenseitig mit einem Ball.

KB 5 Die Aufgabe enthält das Fragewort im Akkusativ, auf das L hinweisen muss (s. auch Baukasten).

AB 9 Die Personalpronomen im Akkusativ und das Fragewort für den Akkusativ werden gefestigt.

L weist auf die speziellen Formen von *einladen* hin: *du lädst ein, er / sie lädt ein.*

AB 10 Weitere Einladungsgespräche zur Situation in KB 5 werden gespielt, um den Gebrauch der Personalpronomen im Akkusativ zu festigen. S können in PA je einen Dialog ergänzen und vortragen.

KB 6 S können die Situation erweitern, indem sie auch Erwachsene spielen oder zu dritt die Szene gestalten.

AB 11–12 In den abschließenden produktiven Aufgaben wird die Einladung mündlich und schriftlich geübt.

Mach mit beim Fest!

KB 7 Ein bestimmter Programmpunkt des Schulfestes wird in den Mittelpunkt gestellt: Eine Klasse organisiert ein Wiener Kaffeehaus. Vorab sollte L den Begriff „Wiener Kaffeehaus" näher erläutern. L kann mithilfe des Fotos nach Vorstellungen oder Erfahrungen der S fragen. In der Aufgabe wird der Wortschatz bereitgestellt, mit dem S im Folgenden arbeiten (neue Wörter: *nähen, basteln, Apfelstrudel, Teller und Tassen*).

L kann Zusatzinformationen zum Thema Wiener Kaffeehaus geben (siehe dazu www.wiener-kaffeehaus.at). In Aufgabe 10 können S selbstständig weitere Informationen sammeln.

KB 8 Über den Hörtext wird der Imperativ eingeführt und strukturiert (Singular / Plural). Das globale Hören in **a** wird durch die vorangehende Aufgabe gesteuert. In **b** achten S zunächst auf die Inhalte, erst nach dem Lösen der Höraufgabe geht L auf die Imperativformen ein. Zum Abschluss üben S reproduktiv die Formen. Sie können die Aufgaben auch untereinander verteilen.

L weist darauf hin, dass beim Imperativ von *du* und *ihr* das Personalpronomen als Subjekt wegfällt. (Im Unterschied zur formellen Anrede mit *Sie*.) Beim Imperativ steht das Verb im Satz auf Position 1.

AB 13 S sollen zuerst die Sätze verstehen und an der Form nur erkennen, ob es sich um Singular, Plural oder um die formelle Anrede handelt.

AB 14 S bilden die Formen selbst. L sollte auch Hinweise zu den trennbaren Verben und den unregelmäßigen Verben mit *i / ie* geben.

AB 15 Das Spiel ermöglicht die produktive Anwendung des Imperativs.

S steht an der Tafel und gibt den anderen Anweisungen (*Steh auf! Mach das Buch zu!* …)

KB 9 In der Aufgabe geht es nicht darum, den Wortschatz zum Thema Kochen und Backen zu erarbeiten. S sollen lediglich ein typisches Beispiel für die Anwendung von Imperativformen lesen und verstehen. Zuvor sollen S den inhaltlichen Rahmen verstehen und beantworten jeweils eine zusammenfassende Frage (**a**, **b**).
Neben den Imperativformen sollen S auch die zeitliche Abfolge wahrnehmen, was über das Ordnen der Fotos in **c** erfolgt.

AB 16 Beim Ordnen der Schritte konzentrieren sich S auf die zeitliche Abfolge. **b** kann auch als GA durchgeführt werden.

S können ein einfaches Rezept aus ihrem Land aufschreiben.

AB 17 Die zeitliche Abfolge wird im Kontext des Tagesablaufs geübt.

KB 10 Fakultative Aufgabe zur Landeskunde. L kann mit S in den Computerraum gehen und im Bedarfsfall konkretere Suchaufgaben stellen. Wenn es keinen Computerraum gibt, können S auch zu Hause recherchieren (alleine oder in GA).

Internetprojekt: Haben nicht alle S Internet zu Hause, können sie in GA arbeiten, ein Plakat erstellen und in der Klasse präsentieren.

AB 18 Der Fokus liegt auf den Personalpronomen und ihre verweisende Funktion in einem zusammenhängenden Text (Textgrammatik).

7 Hurra, ein Schulfest!

Rund um das Fest

KB 11 In diesem Teil wird das Fest als Anlass genommen, die Kenntnisse über den Akkusativ auszubauen und zusammenzufassen. Zunächst wird der Akkusativ des bestimmten Artikels eingeführt. L kann das Prinzip mithilfe des Baukastens verdeutlichen, dann bilden S gemeinsam einige Sätze, die L an der Tafel festhalten kann.

AB 19–20 Die Übungen festigen den Akkusativ mit bestimmtem Artikel.

Schwarzer Peter zur Einübung des Akkusativs: Kopiervorlage S. 115

Kofferpackspiel: S stehen im Kreis und sagen, was sie auf eine Reise mitnehmen, dabei müssen sie aber alle bereits genannten Dinge aus dem Gedächtnis wiederholen, z. B.: *Anna nimmt das Computerspiel mit, Stefan nimmt das Wörterbuch mit und ich nehme die Gitarre mit.*

KB 12 Die kleinen Situationen enthalten viele Ausdrücke mit dem Akkusativ. In **b** müssen S den Akkusativ verwenden.

KB 13 Im Spiel üben S den Akkusativ des bestimmten Artikels. Es kann auch in GA gespielt werden.

AB 21–22 Imperativ und Akkusativ werden zusammengeführt. S können selbst noch weitere Imperative in GA sammeln.

L kann auch eine Tombola mit echten Gegenständen in der Klasse organisieren.

KB 14 S ordnen die Dialoge, die viele Akkusativformen und Personalpronomen enthalten, und nehmen sie dann als Modell für eigene Dialoge.

AB 23 Die Übung bietet weitere Partydialoge zur Festigung der Personalpronomen im Akkusativ.

KB 15 Beim Nachsprechen der Wörter in **a** können S die Hand auf den Kehlkopf legen, um zu fühlen, wo sie den Laut bilden: Der Ach-Laut im Singular klingt dunkel, fast so wie beim Schnarchen. Er ist ganz weit hinten. Der Ich-Laut im Plural klingt hell, fast so wie das [j] in ja. Er ist ganz weit vorn.
Der Text in **b** sollte mehrmals gehört werden.

AB 24 Nach einem Durchgang tauschen S die Rollen.

Zusätzliche Übungsmöglichkeit: S bilden Sätze.
Ich brauche …
Ich suche …
Ich möchte …

KB Im Team

Klassenkalender: Als Vorbereitung können S in 4 Gruppen Jahreszeitenplakate gestalten: S sammeln alle Assoziationen, die ihnen zu „ihrer" Jahreszeit einfallen, auf einem Plakat (schreiben, malen) und präsentieren es in der Klasse. Dazu passt auch die erste Aufgabe auf der Seite *Mein Wortschatz* im AB.

Gruppeneinteilung nach Lieblingsjahreszeit oder nach Geburtstagen (*Wer hat im Frühling, Sommer, Herbst, Winter Geburtstag?*)

Gedicht: Die Lösungen können verschieden sein, zum Schluss vergleichen S durch Hören mit dem Original.

Auch das Gedicht enthält viele Ich- und Ach-Laute, die durch Vorlesen geübt werden können.

Einkaufsbummel

Lernziele	Fertigkeiten	Textsorten	Sprachhandlungen	Sprachmittel und Sprachstrukturen	Aufgaben
Einstieg	• Hören • Sprechen		• Gegenstände beschreiben • Preise angeben	• Adjektive • Preisangaben	KB 1 AB 1–2
Mein Geldbeutel • über Geld sprechen	• Hören • Lesen • Sprechen	• Kurzinterviews • Werbeprospekt • Statistik	• Geldangaben verstehen • Gegenstände auswählen und beschreiben • einem Text Zahlenangaben entnehmen • eine Umfrage machen und die Ergebnisse zusammenfassen	• Fragen mit *wie viel* und *wofür* • Demonstrativpronomen *der / das / die*	KB 2–5 AB 3–6
Meine Läden & Shops • einkaufen	• Lesen • Hören • Sprechen	• SMS • Einkaufsgespräch	• Gegenstände beschreiben • Gefallen ausdrücken • eine Einkaufssituation verstehen und spielen	• *zu* + Adjektiv • die Verben *gefallen*, *passen* • Sätze mit *aber*	KB 6–8 AB 7–13
Liegst du im Trend? • sich orientieren	• Lesen • Sprechen • Hören	• Test • Schilder im Einkaufszentrum • Kurzgespräche	• einen Test lösen und auswerten • im Einkaufszentrum etwas finden • Lokalangaben verstehen und verwenden • einen Ort beschreiben	• nicht trennbare Verben • Lokaladverbien • Sätze mit *und*, *oder*, *aber* • zusammengesetzte Nomen	KB 9–10 AB 14–18
Sprechtraining • *sch, st, sp*					KB 11
Ausstieg	• Sprechen • Schreiben	• Verkaufsgespräch • Werbeslogans	• etwas kaufen / verkaufen • für ein Fantasieprodukt werben		KB Im Team AB MG AB MW

8 Einkaufsbummel

Einstieg

KB 1 Als Einstieg besprechen L und S, wo die abgebildeten Jugendlichen sind, und klären die neuen Wörter: *teuer, billig, guck mal!* Nach dem Hören können S die bereits bekannten Adjektive und die Preisangaben in **b** verwenden. Es empfiehlt sich, davor die Übungen im AB zu lösen.

L kann mithilfe der S an der Tafel Adjektive sammeln, mit denen man Gefallen und Missfallen ausdrücken kann.

AB 1 Einige Adjektive werden aktiviert.

AB 2 S lernen, wie man Preise in Euro spricht und schreibt. S können auch mit dem Prospekt im KB (S. 66) weiterüben.

Man kann über die ehemaligen und aktuellen Währungen sprechen: in Deutschland statt Mark Euro (Cent), in Österreich statt Schilling Euro, in der Schweiz der Franken (Rappen).

Mein Geldbeutel

KB 2 Vor dem Hören sollten die in den Geldbeuteln abgebildeten Beträge geklärt werden. Beim ersten Hören in **a** sollen S die Zahlen verstehen. Beim zweiten Hören in **b** konzentrieren sich S auf die Schlüsselwörter.

AB 3 Mithilfe der weiteren geschriebenen Beispiele festigen S den Wortschatz und können ähnliche Texte schreiben.

KB 3 In **a** machen sich S mit den Produkten vertraut, indem sie sie den Kategorien in Aufgabe 2 zuordnen. Danach lesen sie die Beispiele gemeinsam, L weist auf das Pronomen hin (s. auch Baukasten). S bilden reproduktiv eigene Sätze. Schließlich können sie in **c** das Gelernte mit authentischem Material frei anwenden.

AB 4 Die Übung verdeutlicht den „Zeigecharakter" des Demonstrativpronomens.

AB 5 In den Minidialogen werden die Demonstrativpronomen gefestigt. L weist S darauf hin, dass ihnen beim Lösen sowohl die Grammatik als auch der Inhalt der Sätze helfen.

GA: Jeder S legt 4 Gegenstände auf den Tisch, sodass S wie im KB über sie sprechen können.

KB 4 Hier geht es um das kursorische Lesen statistischer Daten: S müssen dem Text nur die nötigen Angaben entnehmen und sollen ihn nicht Wort für Wort verstehen.

AB 6 Von der Textarbeit ausgehend werden die unterschiedlichen Fragewörter für Fragen nach Gegenständen *Wofür?* und Personen *Für wen?* verdeutlicht.

S werfen sich gegenseitig einen Ball zu und fragen, welchem Mitschüler sie was (zum Geburtstag) kaufen würden.

KB 5 Über diese Fragen sollte man nicht im Plenum diskutieren, nicht alle sprechen gern über ihre finanzielle Situation. S machen kleine Interviews im Team und notieren die Angaben. Ein Teamsprecher fasst die Ergebnisse im Plenum kurz zusammen. Dabei werden keine Namen mehr erwähnt.

S können auch Interviews mit einer höheren Deutschklasse zum Thema „Wofür gibst du dein Geld aus?" führen.

Meine Läden & Shops

KB 6 Die Texte enthalten die Konstruktion *zu* + Adjektiv sowie die Verben *gefallen* und *passen*. Diese werden durch die Beispiele geklärt. Die Strukturen kommen auch im Hörtext von **b** vor.

S machen sich gegenseitig Komplimente, z.B.: *Der Pullover steht dir sehr gut. Ich finde deine Jeans echt cool.*

AB 7 Lerntipp: L weist S darauf hin, dass man Adjektive als Gegensatzpaare oder in einem Kontext – z. B. für Personen oder Sachen – leichter lernen kann.

S werfen sich einen Ball zu, S 1 sagt ein Adjektiv, S 2 muss das Gegenteil sagen, sagt dann ein neues, S 3 sagt wieder das Gegenteil usw.

AB 8 Neben dem Wortschatz werden auch Sätze mit *aber* gefestigt.

AB 9 S sprechen in PA über die Gegenstände auf den Bildern und schreiben anschließend über ihre Vorlieben.

AB 10 S bauen Sätze mit verschiedenen Verben: *mögen, finden* verlangen den Akkusativ, *passen, gefallen* den Dativ. Nach *finden* muss auch ein Adjektiv kommen.

KB 7 Der abgedruckte Dialog dient S als Modell für die folgende Aufgabe. Zuerst ergänzen S den Text und hören ihn dann zur Kontrolle. Dann werden gemeinsam alle Wörter geklärt und die Redemittel erarbeitet (s. auch Baukasten).

AB 11 Bevor S eigene Kaufszenen spielen, können die Strukturen in der Übung gefestigt werden.

AB 12 Im Kontext des Handyladens werden die bisher vorgekommenen Konjunktionen geübt und anschließend auf der Grammatikseite systematisiert.

L weist darauf hin, dass *und, oder, aber* auf Position Null stehen, d. h. das Subjekt ist auf Position 1, das Verb auf Position 2.

AB 13 Das Dialoggerüst bietet S noch Hilfe bei eigenen Verkaufsdialogen. Diese Übung sollte Aufgabe 8 im KB vorgeschaltet werden.

Flohmarkt ➔ Kopiervorlage S. 116

KB 8 S wenden das Gelernte in PA frei an.

Liegst du im Trend?

KB 9 Im Test kommen einige untrennbare Verben vor. Diese können nach Aufgabe **c** gesammelt werden. Bei der Systematisierung hilft auch der Baukasten.

L hilft S herauszufinden, welche Vorsilben nicht vom Verb abgetrennt werden können: *be-, er-, ver-, ge ...*

AB 14–15 Übungen zu den untrennbaren Verben. S können aus den Satzbausteinen in Übung 15 auch Sätze ins Heft schreiben.

AB 16 Einige zusammengesetzte Nomen aus dem Text im KB werden zum Anlass genommen, das Genus der Zusammensetzungen bewusst zu machen.

Verb-Staffellauf ➔ Kopiervorlage S. 117

AB 17 Trennbare und nicht trennbare Verben werden zusammen geübt (siehe auch „Meine Grammatik"). L kann für die Lösung die Zeit vorgeben: Wer findet die meisten richtigen Sätze?

S suchen in GA verrückte zusammengesetzte Wörter – der Fantasie sind keine Grenzen gesetzt, aber die Artikel müssen stimmen.

8 Einkaufsbummel

KB 10 S sprechen zunächst über das Bild und lernen dabei einige Ausdrücke der Lokalangabe. L weist auch auf die Wörter *Laden, Geschäft, Shop* usw. hin (siehe auch „Mein Wortschatz").
In den Hördialogen sollen S die Lokalangaben verstehen. Dabei hilft ihnen das Bild (Strategie).

PA zur freien Anwendung der Lokalangaben mit dem Bild: *Was kaufst du? Wo kaufst du es? – Bei … im ersten Stock kaufe ich …*

AB 18 Mit dem Bild wird das Verständnis der Lokalangaben überprüft. Als Zwischenschritt können S alle Lokalangaben im Text farbig markieren. Anschließend können S versuchen, die eigene Schule kurz zu beschreiben.

S stellen sich in PA „Wo?"-Fragen, z. B. *Wo ist das Klassenzimmer?* So festigen sie die Lokalangaben und überprüfen das Textverständnis.

KB 11 Die Aussprache von *sp* und *st* am Wortanfang wurde in Lektion 4 (AB 4/20) bereits geklärt. Hier wird das wiederholt: S versuchen die Sätze, die fast wie Zungenbrecher klingen, nachzusprechen. (L stoppt das Gerät nach jedem Satz.) L kann zur Vereinfachung die Satzstruktur an der Tafel angeben.

Mein Wortschatz

Einkaufsbummel: Zur weiteren Festigung und Vertiefung des Wortschatzes eignet sich die Frage: *Welche Produkte kaufen normalerweise Kinder, Jugendliche, Männer, Frauen …?*

KB Im Team

Der **Flohmarkt** kann in GA oder im Plenum gespielt werden
Zur Inspiration für die sprechenden Werbeplakate kann L (oder S) Werbeanzeigen aus Zeitungen mitbringen.

Mein Zuhause

Lernziele	Fertigkeiten	Textsorten	Sprachhandlungen	Sprachmittel und Sprachstrukturen	Aufgaben
Einstieg	• Hören • Sprechen	• Interview im Schulradio	• Orte identifizieren • erste Angaben über den Wohnort machen	• Lokalangaben	KB 1 AB 1–2
Hier wohne ich • über den Wohnort sprechen und die Adresse angeben	• Lesen • Schreiben • Hören • Sprechen	• Umfrage in der Schülerzeitung	• einem Text Informationen entnehmen • den Wohnort beschreiben • Adressen verstehen und angeben	• der Dativ nach den Präpositionen *in, an, auf, bei, mit*	KB 2–5 AB 3–12
Mein Zimmer • Zimmer beschreiben	• Hören • Lesen • Sprechen	• Interview im Schulradio • Beschreibung	• Gegenstände erkennen und lokalisieren • ein Zimmer beschreiben	• Lokalangaben mit Dativ: *in, an, auf, unter, über, hinter, vor, neben, zwischen*	KB 6–7 AB 13–17
Sprechtraining • Satzakzent					KB 8 AB 16
Lieblingsplätze • über Aktivitäten sprechen • mit Erwachsenen sprechen	• Lesen • Hören • Sprechen	• Prospekt • Interview	• einem Prospekt Informationen entnehmen • Informationen Personen zuordnen • ein Interview verstehen	• Possessivartikel in der 3. Person / Singular und Plural	KB 9–12 AB 18–23
Ausstieg	• Schreiben • Sprechen	• Beschreibung	• das Traumzimmer, die Lieblingsplätze vorstellen		KB Im Team AB MG AB MW

9 Mein Zuhause

Einstieg

KB 1 Einstieg in das Thema „Mein Zuhause" mithilfe der Fotos und Silvios Erzählung. S lernen zuerst einen Basiswortschatz zum Thema kennen. L kann als Vorentlastung mit S über die Bilder sprechen und sie dabei beschreiben lassen.

L kann mit einem Wortigel den Wortschatz an der Tafel sammeln: *„Wo kann man wohnen?"* (Deutsch und / oder in der Muttersprache)

AB 1 Die Geräusche rufen bei den S bildhafte Vorstellungen hervor, zu denen sie ein paar Wörter notieren und diese dann zu einer Geschichte verknüpfen.

AB 2 Das Verstehen des Hörtextes aus dem KB wird vertieft. S beziehen die neuen Wörter auf ihr eigenes Zuhause und machen so den Transfer zu ihrer eigenen Lebenswelt.

Die Merkfähigkeit wird durch ganzheitliches Aufnehmen (Töne, Bilder, Ansprechen der Gefühlsebene) und Lernen neuer Wörter unterstützt.

Hier wohne ich

KB 2 Die kleine Umfrage dient zur Vorentlastung des Lesetextes in KB 3, indem einige neue Wörter eingeführt werden (*eigenes Zimmer, mit jmdm. teilen, Schulweg, in der Nähe, der Nachbar*).

KB 3 In **a** geht es um globales, in **b** um detaillierteres Verstehen. Die Infosammlung lenkt und unterstützt in KB 4 das eigene Schreiben.

AB 3 Die spielerische Übung festigt den Wortschatz.

AB 4 In der Übung zur Wortbildung versuchen S die Wörter zu erraten. Sie können sich mit einem Wörterbuch kontrollieren.

Nach dem Leseverstehen sollte zunächst die neue Grammatik – Dativ – erarbeitet werden.

KB 4 S wenden Wortschatz und Grammatik produktiv an. Der Baukasten und die Tabellen mit den Strukturen helfen bei der Formulierung. Man kann die Texte auch einsammeln und eine kleine Statistik machen:
So wohnen die Schüler und Schülerinnen der Klasse ________:________
Schüler wohnen im Zentrum, ________ *am Stadtrand,* __________ …
__________ *haben ein Haus,* _________ *eine Wohnung.*

AB 5 In der Übung müssen S die Präpositionen zunächst verstehen.

Kleingruppenbildung nach folgenden Kriterien: *Wer wohnt im Zentrum? Am Stadtrand? Wer hat ein Haus? Wer eine Wohnung?* Die „homogenen" Gruppen erarbeiten Vorteile und Nachteile ihrer Situation: *Das finden wir gut / das finden wir nicht gut.* Die Ergebnisse werden im Plenum präsentiert.

AB 6 S bilden den Dativ des unbestimmten Artikels.

AB 7–8 Die Übungen systematisieren den Dativ mit dem bestimmten und unbestimmten Artikel. Das „Sei schlau"-Kästchen zeigt anschaulich, dass der Dativ maskulin und neutral gleich ist.
Das Dominospiel thematisiert den Unterschied zwischen unbestimmtem und bestimmtem Artikel.

AB 9 Die Übung stellt den Dativ im Plural in den Mittelpunkt: S werden auf die Endung *-n* der Nomen aufmerksam gemacht.

L sollte immer wieder auf den Unterschied zwischen unbestimmtem und bestimmtem Artikel hinweisen. L kann dazu verschiedene Dinge mitbringen. S tauschen die Dinge untereinander und sagen z. B. *Das ist eine Kassette. Die Kassette ist alt.* usw.

AB 10–11 Der neue Wortschatz und die Grammatik werden kommunikativ angewandt. Das Dialoggerüst lenkt die Interviews und hilft schwächeren Lernern, die sich daran festhalten können.
Hinweis: Die Lücken in der E-Mail sollen mit Artikeln und Präpositionen gefüllt werden.

In AB 11b sollen S selber einen Lückentext entwerfen: Das Erstellen einer Übung für andere motiviert S dazu, ihr ganzes Sprachwissen einfließen zu lassen.

KB 5 Zur Vereinfachung können sich S beim ersten Hören auf die Situation konzentrieren – dabei helfen ihnen die Abbildungen. Beim zweiten Hören ordnen sie die Adressbestandteile aus dem Schüttelkasten zu.

AB 12 S lernen, wie man die Adresse genau schreibt bzw. wie man Daten zur eigenen Person in einem Formular angibt.

Bei der Adressangabe wird zuerst die Straße, dann der Ort angegeben.

Die Bezeichnung *Gasse* kommt in Österreich häufig vor. In Deutschland wird sie nur für sehr kleine Straßen verwendet.

Mein Zimmer

KB 6 Die Aufgabe vermittelt den Wortschatz zum Thema. Vor dem Hören sollten S und L die Wörter gemeinsam lesen und klären. Einige Wörter sind schon bekannt, andere lassen sich vor allem mithilfe der Fotos erschließen.

AB 13 Die Wörter werden spielerisch geübt.

L kann S anhand der neuen Wörter den Plural wiederholen lassen. Ein erneuter Hinweis, dass *es gibt* immer mit Akkusativ steht, hilft bei Teil **b**.

KB 7 Hier kommt die Grammatik hinzu: Anhand der Texte und Fotos wird die Bedeutung und die Verwendung der lokalen Präpositionen und der Verben *stehen, liegen, hängen* geklärt. Als Zwischenschritt können S in den Texten von **b** alle Präpositionen markieren. In **c** bilden S einige korrekte Sätze zum Foto auf S. 76.

AB 14 Die Bedeutung der Verben *stehen, liegen, hängen* wird nochmals verdeutlicht.

S werfen sich einen Ball zu und fragen sich gegenseitig nach der Position von Gegenständen in der Klasse: *Wo hängt die Lampe? Wo liegt das Wörterbuch? Wo steht die Schultasche von Helena?*

Großes Präpositionenspiel ➲ Kopiervorlage S. 118

AB 15 S wenden die neue Grammatik und den neuen Wortschatz produktiv an, wobei auch das spielerische Element durch das Zeichnen nicht zu kurz kommt.

L kann auch hier darauf hinweisen, dass nach *es gibt* ein Akkusativ und nicht wie bei *sitzen, stehen, hängen, liegen* ein Nominativ kommt.

KB 8 Die Aufgabe veranschaulicht die unterschiedliche Bedeutung des Satzes, je nachdem, welcher Satzteil betont wird.

AB 16 Das Erkennen der Satzakzente wird mit der Wiederholung der Satzmelodie verknüpft.

Lieblingsplätze

KB 9 Der Text erfordert kursorisches Lesen: S sollen nur die Schlüsselwörter verstehen. Als Zwischenschritt können S die gesuchten Informationen im Text markieren.

Zum Thema Freizeitgestaltung kann die Statistik aus Österreich eingesetzt werden: ➲ Kopiervorlage S. 119

11 Fit oder faul?

Einstieg

KB 1 Das ist die erste Aufgabe zur schrittweisen Heranführung der S an die Arbeit mit dem Wörterbuch. L kann auch verschiedene Wörterbücher in die Stunde mitbringen und S nach den Bedeutungen der 5 Begriffe suchen lassen.

Es ist wichtig, S mit ein- und zweisprachigen Wörterbüchern vertraut zu machen und ihnen den richtigen Umgang damit zu zeigen. L kann sie von Zeit zu Zeit in den Unterricht mitbringen und damit arbeiten.

AB 1 In Zuordnungsübung werden die 5 Begriffe aus KB 1 erklärt.

AB 2 S machen sich mithilfe der Suchaufgabe mit dem Umgang mit Wörterbüchern vertraut.

L und S können gemeinsam im PL nach ähnlichen Bezeichnungen in der Muttersprache suchen.

Bewegungs-Check

KB 2 Die Kettenübung erweitert den Wortschatz durch Adjektive, die Gefühle bezeichnen. Hier wird das erste *sich*-Verb eingeführt: *sich fühlen: ich fühle mich, du fühlst dich.*

S ordnen in PA die Adjektive in eine +/- Tabelle ein: Welche finden sie positiv bzw. negativ?

AB 3–4 Die neuen Wörter werden gefestigt.

5-Personen-Umfrage: *Wie geht's?* Namen und Antworten werden notiert.

KB 3 S lesen den kurzen Zeitungstext, der einige neue *sich*-Verben in der 3. Person enthält. In Aufgabe **a** geht es um das Globalverstehen des Textes, während in **b** die *sich*-Verben fokussiert werden.

AB 5 S üben die *sich*-Verben in der Zuordnungsübung und erstellen eine Übersicht über die Konjugation der *sich*-Verben.

AB 6 PA zur Anwendung der *sich*-Verben. Als Zwischenschritt für schwächere S kann man vor dem Interview 5 Fragen notieren.

Eine Übersicht zu den *sich*-Verben kann auch als Plakat gestaltet werden. Dazu kann L die Strategiefigur in Plakatgröße kopieren und die aktuelle Grammatikübersicht jeweils darin sichtbar machen.

KB 4 Zur Vorbereitung der Aufgabe zum kreativen Schreiben kann im PL über die Bilder gesprochen werden, während L nützlichen Wortschatz an die Tafel schreibt. S arbeiten in GA.

L kopiert den Comic für die Gruppen. S schreiben ihre Texte und hängen die Comics auf.

KB 5 L klärt mit S den Wortschatz, dann füllen S das Protokoll aus und vergleichen anschließend ihre Ergebnis in GA. Dabei verwenden sie Temporalangaben wie *täglich, jeden Tag.*

AB 7 Die Übung zur Wortschatzerweiterung und zur Festigung der Dativpräpositionen auf die Frage *Wo?* kann auch zur Vorbereitung auf das Sitzprotokoll dienen.

AB 8 Die kreative Aktivität in PA kann hier durchgeführt werden oder später die Einheit spielerisch abschließen.

KB 6 Der Hörtext zum Thema Fitness wird zunächst global, dann detailliert gehört. Er enthält einerseits *sich*-Verben, dient aber auch zur Erarbeitung der Temporalangaben (s. Baukasten).
Aufgabe **c** kann als PA oder 3-Personen-Umfrage durchgeführt werden.

AB 9 Die Zuordnungsübung in **a** dient zur deutlichen Unterscheidung der Temporalangaben auf die Fragen *Wie lange?* und *Wie oft?*
Schritt **b** ist eine Empathieübung in PA zur Anwendung der neu gelernten Strukturen.

S erfinden ca. 5 Personen und sammeln Informationen (z. B. *Frau Köhler, 44, Sekretärin, 2 Kinder, Hobby: Joggen* usw.).
S bilden Gruppen zu 5 Personen, jeder wählt eine Identität.
S sollen nur durch die Fragen *Wie oft?* und *Wie lange?* herausfinden, wer welche Person ist.
Wechselspiel ➔ Kopiervorlage S. 122

Mach mit, bleib fit!

KB 7 Die Körperteile werden mit einem Puzzle (des Fußballers Michael Ballack) eingeführt. Nachdem die Zeichnung im PL besprochen worden ist, bilden S Sätze zum Puzzle.

AB 10 S festigen den Wortschatz zu den Körperteilen. L weist S außerdem auf die Möglichkeit der Nominalisierung von Verben hin: *denken* ➔ *das Denken*.

AB 11 S wenden Verben als Nomen in Minidialogen an. L kann dazu an der Tafel Adjektive vorgeben, wie man etwas finden kann: *toll, leicht, interessant, langweilig, anstrengend, erholsam* usw. S ordnen die Adjektive zuerst in einer Tabelle nach +/– und wenden dann die Adjektive in den Dialogen an.

Zur Festigung der Körperteile sammeln S in GA so viele Aktivitäten (Verben) wie möglich, die man z. B. mit der Hand, mit dem Fuß, mit dem Mund machen kann.

KB 8 S verbinden die Körperteile mit Sportarten. In **c** führt L eine neue Funktion des Verbs *können* ein.

AB 12 S wenden das Modalverb *können* mit der neuen Bedeutung und das Modalverb *müssen* an. L wiederholt mit S die Konjugation und die Bedeutung von *müssen* und *können*.

Aus Lektion 7 ist die Bedeutung „Möglichkeit" bekannt, hier kommt die Bedeutung „Fähigkeit" hinzu.

KB 9 Die Aufgabe bereitet auf KB 10 vor: S lesen die Meinungen und sortieren sie nach Argumenten für und gegen Sport.

AB 13 Nach der Aufgabe kann L die Konjunktion *dass* einführen. Man kann aber auch erst die Texte in KB 10 lesen und diese Übung erst im Anschluss an KB 11 lösen.

S sammeln in GA noch weitere Argumente pro und kontra.

KB 10 S lesen die beiden Artikel und markieren die Textstellen, in denen sie die Meinungen von KB 9 wiederfinden. In einem zweiten Schritt unterstreichen sie neue Argumente mit einer anderen Farbe. Die neuen Argumente können abschließend wie in KB 9 (an der Tafel) gemeinsam notiert werden.

L teilt die Klasse in 2 Gruppen, jede liest nur einen Text und berichtet dann.
Lesestrategie: Jeder S markiert 3 neue Wörter, die er wissen und lernen will.

KB 11 In der Aufgabe wird neben der Kontrolle des Leseverstehens auch die neue Grammatik eingeführt (*dass*-Sätze).
In **b** formulieren S ihre eigene Meinung mit einem *dass*-Satz.

AB 14–15 S festigen die *dass*-Sätze, indem sie zu verschiedenen Aussagen Stellung beziehen und Aussagen aus einer E-Mail in *dass*-Sätze umformen.

S1 formuliert eine Aussage, wirft einen Ball zu S2, S2 nimmt dazu mit einem *dass*-Satz Stellung, formuliert eine neue Aussage usw.

Mein Start in den Tag

KB 12 Auf der Doppelseite geht es um gesunde Ernährung. Zunächst wird der neue Wortschatz zum Thema Frühstück eingeführt. L kann auf mögliche Zusammensetzungen hinweisen.
S können zusätzlich auch ein Plakat / eine Collage für Speisen / Getränke entwickeln (zeichnen, schreiben, aus Supermarktbroschüren ausschneiden). Dabei können sie die Wörter auch gruppieren (z.B. *gesund / ungesund, Frühstück, Mittagessen, Abendessen* usw.).

AB 16–18 S erweitern und festigen den neuen Wortschatz. L lenkt die Aufmerksamkeit der S auf die Wortzusammensetzungen und den Tipp im Kästchen.
Mögliche Hausaufgabe: S beschreiben den eigenen Frühstückstisch.

der Jogurt; A, CH auch: *das Jogurt*

Jeder S notiert auf einem Post-it, was er zum Frühstück gegessen hat, auf einem anderen, was er getrunken hat. Alle Post-its werden an der Tafel gesammelt, jeder S nimmt sich 2 neue Post-its und sucht durch Fragen (*Hast du heute …?*) die Personen, die sie geschrieben haben.

11 Fit oder faul?

KB 13 In den Hörtexten stellen sich vier Frühstückstypen vor. In Aufgabe **a** erfassen S die Inhalte global. Aufgabe **b** verlangt Detailverstehen. Abschließend erfolgt in **c** der Transfer auf die Lebenswirklichkeit der S: Sie berichten über sich selbst.

Schritt **c** kann auch mit einem 3-Personen-Interview durchgeführt werden.

AB 20 In der Partnerübung können S über ihre Essgewohnheiten sprechen und dabei auch auf die Unterschiede an Schultagen, Feiertagen und am Wochenende eingehen.

Partnerdiktat: Frühstückstypen
➔ Kopiervorlage S. 123

KB 14 S ordnen in Aufgabe **a** die 4 Texte den Personen zu. Sie können alle Speisen und Getränke mit verschiedenen Farben markieren (Lesestrategie). Aufgabe **b** dient der Einführung des Modalverbs *sollen*. L sammelt mit S im PL die Tipps an der Tafel.

KB 15 Ausgehend von der Hörverstehensaufgabe wird die Wendung *man soll* geübt. Der Text sollte zweimal gehört werden. Mithilfe des Baukastens weist L auch auf andere Möglichkeiten im Gebrauch von *man* hin.

Die Zeichnungen können bei neuen Wörtern zu Hilfe genommen werden.

AB 19 Diese Übung soll S an die Wendung *man soll* heranführen und auf diese Weise die Verwendung des Pronomens *man* üben. Die Übung kann auch direkt vor KB 15 eingeschoben werden.

S können sich auch einen weichen Ball zuwerfen und so gemeinsam immer wieder neue Ratschläge formulieren.

AB 21 In **a** formulieren S Ratschläge mit *sollen*, in **b** formen S Imperative in Sätze mit *sollen* um. Als Erweiterung können S in GA typische Imperative von Eltern oder Lehrern sammeln. Die Gruppen tauschen die Imperative aus und formen sie in Sätze mit *sollen* um. (Gute Gruppen könne auch *dass*-Sätze anwenden: *Die Eltern sagen, dass …*)

KB 16 Die markierten Laute müssen im Deutschen stimmlos und mit viel Spannung, kräftig gesprochen werden. Sprecher anderer Sprachen sprechen die Laute infolge anderer Assimilationsgesetze oft stimmhaft. Im Deutschen ist das ziemlich auffällig und störend. Aufgabe **b** trainiert die Artikulation: Es ist schwieriger, mit vollem Mund deutlich zu sprechen, man muss besser artikulieren.

Die Wörter können auch erst getrennt und stimmhaft (*Suppe, Becher* usw.) und dann in der Zusammensetzung gesprochen werden, um den Unterschied zu spüren.

AB 22 Bei neuen Wörtern sollte immer wieder auf den Akzent (also den betonten Vokal) hingewiesen werden. Den S soll auch die Regel in Erinnerung gerufen werden, dass Komposita auf dem ersten Glied betont werden. Zwischen dem ersten und zweiten Abschnitt sollte L eine Pause lassen, um die Lösung zu besprechen bzw. die Regel zu klären.
Es ist auch wichtig, ab und zu kleine Texte vorlesen zu lassen und dabei auf Wort- und Satzakzent sowie Rhythmus zu achten.

S brummt: *Ich esse gern …* – die anderen müssen raten. (z.B. *Ich esse gern Hm-**HM**-Hm* – Nutella, Banane usw.)

AB Mein Wortschatz

Gedicht aus Modalverben: S können auch weitere Gedichte mit Modalverben schreiben, z.B.: *Was sollen / müssen / können / dürfen Jugendliche / Mädchen / Jungen (nicht) in … machen?*
Die Übung zu den Temporalangaben kann auch in PA als Empathieübung durchgeführt werden: *Ich glaube, dass mein Partner oft ins Museum geht. / dass mein Partner jeden Tag Klavier spielt.*

Ticks und Tricks

Lernziele	Fertigkeiten	Textsorten	Sprachhandlungen	Sprachmittel und Sprachstrukturen	Aufgaben
Einstieg	• Hören • Sprechen		• Hobbys kennen lernen und bewerten		KB 1 AB 1
Sammelfreaks • über Hobbys und Interessen sprechen und Begründungen angeben	• Lesen • Hören • Sprechen	• Zeitungsartikel • Interview • Startseite einer Homepage	• Texten mit W-Fragen Informationen entnehmen • etwas begründen	• Nebensatz mit *weil*	KB 2–7 AB 2–8
Was bringt Glück? • Verben mit Dativ anwenden	• Sprechen • Lesen • Hören • Schreiben	• Zeitungsartikel	• Vermutungen äußern • Gegenstände Personen zuordnen • einem Text Informationen entnehmen • Informationen sammeln und in einem Artikel zusammenfassen	• Personalpronomen im Dativ • Verben mit Dativ (und Akkusativ)	KB 8–11 AB 9–14
Cliquen und Freunde • Personen charakterisieren • Dativ systematisieren	• Lesen • Sprechen	• Anzeige	• Informationen Personen zuordnen • Personen beschreiben	• Adjektive • Zusammenfassung: Artikelwörter im Dativ	KB 12–14 AB 15–20
Sprechtraining • *ng* und *nk*					KB 15 AB 21
Ausstieg	• Sprechen • Lesen • Schreiben	• Gedicht	• Sammlungen vorstellen • Typenbeschreibungen erstellen • Gedichte lesen und schreiben		KB Im Team AB MG AB MW

12 Ticks und Tricks

Einstieg

KB 1 Als Vorbereitung auf die Hörtexte zum Thema „Sammelleidenschaften" kann L mit S darüber sprechen, was man alles sammeln kann. S berichten von eigenen Erfahrungen bzw. von anderen Personen. Anschließend hören S Jugendliche von ihren Sammelleidenschaften sprechen, ordnen die Hörtexte den Fotos zu und äußern ihre eigene Meinung zu den Sammlungen.

AB 1 Mit der Zuordnungsübung wird das Verstehen des Hörtextes in KB 1 kontrolliert bzw. der entsprechende Wortschatz erweitert.

Sammelfreaks

KB 2 In der Leseaufgabe wird eine wichtige Lesestrategie schrittweise erarbeitet: Wie kann man mit einfachen W-Fragen den Sinn eines Zeitungsartikels global erfassen?

L kann S als Zwischenschritt die gefragten Textstellen farblich markieren lassen.

AB 2 In der Übung geht es nicht darum, die Ausdrücke aktiv zu beherrschen, sondern sich genauer mit einem Text (KB 2) auseinanderzusetzen, darin bestimmte Informationen zu finden und sprachliche Alternativen zu erkennen.

AB 3 Da in den Texten und Aufgaben mehrfach zusammengesetzte Nomen vorkommen, wird hier die Wortzusammensetzung als wichtige Wortbildungsmöglichkeit thematisiert.

Kettenspiel: S1 nennt ein Wort, S2 fügt ein neues hinzu. S3 nimmt das Wort von S2 und fügt wieder ein neues hinzu.

AB 4 Das Interview kann vor oder nach dem Hörtext in KB 3 gespielt werden.

KB 3 Die Strategie mit den W-Fragen wird auf das Hören übertragen.

KB 4 S wenden die Strategie selbstständig an, indem sie W-Fragen für ein Interview mit Kay sammeln. Sie können in EA, PA oder GA arbeiten.

AB 5 Übung zur Kontrolle des Leseverstehens von KB 4. L kann sie gleich nach dem Lesen oder erst nach der Bearbeitung der *weil*- Sätze in KB 5 einsetzen.

KB 5 S ordnen die Aussagen den beiden Jugendlichen zu. L fragt S anschließend, was ihnen an den Sätzen auffällt, sodass sie möglichst selbstständig die Merkmale des *weil*-Satzes entdecken. Mithilfe des Baukastens weist L auf die Stellung des Verbs am Satzende (einfache Verben, Verben mit Modalverben, trennbare Verben) hin.

Im heutigen gesprochenen Deutsch kommt es immer häufiger vor, dass auf *weil* ein Hauptsatz folgt.

AB 6 S wenden die neu gelernte Grammatik an, indem sie die Sätze miteinander verbinden und 3 Sätze so notieren, dass die Regel noch einmal klar und deutlich wird. Schließlich ergänzen S selbst die Regel, die ihnen auf diese Weise noch nachhaltiger in Erinnerung bleibt.

Kettenspiel: S werfen sich einen Ball zu, stellen sich dabei *Warum*-Fragen, beantworten diese mit einem *weil*-Satz und fragen wieder *Warum?*

KB 6 In der Anwendungsübung formen S die Aussagen der Jugendlichen so um, dass Nebensätze mit *weil* entstehen.

KB 7 In der Aufgabe erfolgt der Transfer der Thematik auf die Lebenswirklichkeit der S: Sie sprechen frei miteinander über ihre eigenen Sammelticks. Tipp zur Auswertung: S berichten sich gegenseitig in GA, wählen dann den verrücktesten Sammeltick aus, von dem sie dann auch im PL berichten.

Die Aktivität kann stärker gelenkt werden, indem S ein 3-Personen-Interview mit einigen Fragen von AB 4 durchführen.

AB 7 In der abschließenden Leseaufgabe zum Thema der Einheit tauchen die neu gelernten Strukturen noch einmal auf.

AB 8 Umformungsübung zur zusätzlichen Festigung der *weil*-Sätze.

S sammeln in GA so viele Ausreden fürs Zuspätkommen / Vergessen der HA mit *weil* wie möglich. Die Ausreden werden präsentiert und die originellsten prämiert.

Was bringt Glück?

KB 8 Die Sprechaktivität dient der Einführung des Wortschatzes zum Thema „Glück". L kann gemeinsam mit S im PL über das Thema sprechen oder S zuerst in GA ihre Ansichten sammeln lassen.

S können ihre Glücksbringer auch mitbringen.

KB 9 In **a** sollen S rätseln, in **b** ihre Vermutung überprüfen. In **c** geht es um die neue Grammatik: *ihr / ihm* (*mir* und *dir* ist aus Band 1 schon bekannt).

AB 9 Mit dieser Ergänzungsübung kann das Verstehen des Hörtextes KB 9 kontrolliert bzw. der entsprechende Wortschatz erweitert werden. Außerdem festigen S die neu gelernten Strukturen.

L kann S darauf hinweisen, dass es Verben gibt, die einen Dativ und einen Akkusativ verlangen. Dann ist der Akkusativ eine Sache und der Dativ eine Person.

KB 10 Es geht um die erneute Anwendung der Lesestrategie mit W-Fragen. Der Zeitungsartikel enthält aber auch viele Dativstrukturen und Nebensätze mit *weil*. S markieren als Zwischenschritt die gesuchten Informationen im Text und formulieren anschließend Sätze.

AB 10 Bei der Wiederholung des *dass*-Satzes sollen S erkennen, dass die zwei Konjunktionen nach dem gleichen Prinzip funktionieren.

AB 11–12 Vor der Sprech- und Schreibaufgabe in KB 11 sollten die Personalpronomen systematisiert werden (der Akkusativ ist aus Band 1 bekannt und wird wiederholt). S sollen erkennen, dass es Verben mit Akkusativ und Verben mit Dativ gibt. Da es nur wenige Dativverben gibt, sollen S diese Verben auswendig lernen.

AB 13–14 S suchen nach alternativen Ausdrucksmöglichkeiten. Dabei verwenden sie Verben mit Dativ und variieren bekannte Wörter und Strukturen.

L weist auf den Baukasten hin: Personalpronomen im Dativ, Verben mit Dativ, Verben mit Dativ und Akkusativ.

Glücksbringerbingo ➲
Kopiervorlage S. 124

Fragespiel: 2 S gehen vor die Tür, die anderen legen kleine Gegenstände auf einen Tisch. Die beiden kommen wieder rein und fragen: *Gehört das Armband dir, Anna? / Gehört das Armband Ihnen, Frau / Herr ...*
Anna: *Nein, mir gehört es nicht, ich glaube, es gehört Daniel.*
Daniel: *Nein, mir gehört es nicht. (zeigt auf Lars) Ich glaube es gehört ihm.*
Lars: *Ja, es gehört mir.*

KB 11 Beim Sprechen und Schreiben wenden S die Dativstrukturen an. S lösen die Aufgabe in GA: Sie interviewen sich in GA (*Was bringt dir Glück? Warum?*) und anschließend schreibt jede Gruppe einen kurzen Text über die Gruppenmitglieder auf ein Plakat, das präsentiert und aufgehängt werden kann.

Zur Einübung von Dativverben können sich S Komplimente machen: Deine Kette gefällt mir. Deine Jeans passt dir gut. Ich finde deine Ohrringe toll.

Moderator: Und ihr, Jenny, Alexandra?
Jenny: Meine Lieblingssängerin ist Shakira. Sie singt gut und sieht toll aus.
Alexandra: Ich mag Filme mit der Schauspielerin Franka Potente. Ich finde, sie spielt sehr sehr gut. Ich spiele selbst in der Theatergruppe an der Schule.
Jenny: Ich singe und tanze dreimal die Woche. Wir studieren auch Choreografien von Shakira und anderen Stars ein.
Moderator: Ich danke euch für das Interview und wünsche euch viel Erfolg!
Alle: Danke!

1 40

Verschiedene Interessen ➲ KB 4/11

1. Hi, ich bin Bea. Ich komme aus Augsburg, das ist in Süddeutschland. Ich gehe dort in die 8. Klasse des Bertolt-Brecht-Gymnasiums. Meine Leidenschaft ist Lesen. Ich verschlinge jedes Buch. Am liebsten mag ich Fantasyromane, Harry Potter und so. Wir planen jetzt in der Klasse eine große Vorlesenacht. Da bin ich natürlich dabei. Am 3. April lesen wir die ganze Nacht Gruselgeschichten vor. In der Aula sitzen dann viele Schüler aus der Schule, die Familie und Freunde.
2. Ich bin Hannes und bin 15 Jahre alt. Ohne Musik läuft bei mir nichts. Ich singe einfach wahnsinnig gern und das überall: unter der Dusche, beim Essen, manchmal sogar bei den Hausaufgaben ... Seit diesem Jahr bin ich im Schulchor. Und jetzt üben wir für einen Sing-Marathon. Wir möchten 20 Stunden lang singen – ohne Pause. Das wird hart, aber sicher auch lustig.
3. Hallo, ich heiße Melle und bin 16 Jahre alt. Ich bin ziemlich sportlich. Am liebsten laufe ich Schi und das schon seit 12 Jahren. Dieses Jahr möchte ich einen neuen Rekord im Langlauf aufstellen: Ich möchte über 150 Stunden Schi laufen. Ich trainiere jetzt viel. Es gibt immer Momente, wo du denkst, es geht nicht mehr, und dann läufst du doch weiter. Ich weiß nicht, aber ich bin optimistisch.
4. Hoi, ich bin Urs. Ich bin jetzt 14 und mein Fahrrad nehme ich überall mit hin. Meine Eltern sagen, ich bin verrückt, aber ich liebe Fahrradfahren. Eigentlich bin ich Spezialist für lange Strecken, aber jetzt probiere ich etwas Neues: Ich fahre rückwärts. Echt, das stimmt! Ich trainiere viel, und das ist witzig, die Leute machen große Augen. Meine beste Leistung war bisher: 30 km in einer Stunde!

Sprechtraining: Unterschied *ie* und *ei* ➲ KB 4/14 a

1 41

drei, zwei, frei
vier, hier
ein, mein, kein, allein
sie, wie, Biologie

Sprechtraining: Unterschied *ie* und *ei* ➲ KB 4/14 b

1 42

Mein Kleid ist weiß,
ich esse Eis.
Mein und dein,
groß und klein,
drei und vier,
sie ist hier.
Eins, zwei, drei,
Du bist frei.

Angaben zu Personen verstehen ➲ AB, Meilenstein 2/3

1 46

Moderator: Hallo, hier ist wieder „Radio Aktuell" mit der großen Casting-Show. Wir suchen junge Talente. Singst du gut, tanzt du gern und magst du das Publikum? Dann ruf an, vielleicht wirst du der neue Superstar. So, ich glaube, da ist jemand am Telefon. Hallo, wer spricht da?
Joachim: Ja, hallo, hier ist Joachim. Joachim Mittermeyer aus Aachen.
Moderator: Hallo, Joachim. Du möchtest also gern ein Superstar werden?
Joachim: Ja, das finde ich toll. Ich singe und tanze gern. Ich arbeite sogar schon als Model.
Moderator: Das ist ja interessant. Und wie bist du so, Joachim?
Joachim: Ja also, ich bin groß und schlank, meine Haare sind dunkelblond, auch meine Augen sind dunkel, fast schwarz.
Moderator: Danke, Joachim. Schick uns doch bitte ein Foto.
Joachim: Mach ich. Danke auch und tschüss.
Moderator: Tschüss.
...
Moderator: So, da ist schon wieder ein Anrufer. Hallo?
Carina: Eine Anruferin. Hallo, ich bin Carina aus Hannover.
Moderator: Hallo Carina, singst du auch gern?
Carina: Na ja, ich singe nicht so gern, aber ich tanze gut und spiele Gitarre. Ich bin ein Modefreak. Meine Kleidung ist immer total modisch.
Moderator: Aha. Bist du auch groß und schlank?

Carina: Nein, leider bin ich nicht sehr groß, eher klein, aber ich finde, ich sehe interessant aus. Meine Haare sind ganz kurz und im Moment rot, und ich habe sehr schöne Augen, die sind grün. So richtige Katzenaugen, sagen meine Freunde.
Moderator: Soso, das klingt wirklich interessant. Schick uns doch bitte auch ein Foto. Vielleicht sehen wir uns ja beim großen Finale!
Carina: O ja, hoffentlich!
Moderator: Tschüss, Carina.
Carina: Tschüss.

1 47

Wie viel Uhr ist es auf der Welt? KB 5/1

1. In Mexico City ist es jetzt 6 Uhr. Pablo steht auf.
2. In Rio de Janeiro ist es jetzt 9 Uhr. Sonia lernt.
3. In Berlin ist es jetzt 13 Uhr. Laura isst zu Mittag.
4. In Delhi ist es jetzt 17 Uhr 30. Ebby spielt Fußball.
5. In Peking ist es jetzt 20 Uhr. Li hat Schulschluss.
6. In Sydney ist es jetzt 22 Uhr. Max geht schlafen.

1 48

Zeitansage AB 5/1

1. Beim nächsten Ton ist es 8 Uhr.
2. Beim nächsten Ton ist es 9 Uhr 30.
3. Beim nächsten Ton ist es 14 Uhr 15.
4. Beim nächsten Ton ist es 20 Uhr.
5. Beim nächsten Ton ist es 21 Uhr 45.
6. Beim nächsten Ton ist es 0 Uhr.

1 49

Uhrzeit KB 5/2

1. Beim nächsten Ton ist es 11 Uhr 45.

2. ○ Entschuldigen Sie! Können Sie mir sagen, wie spät es ist?
   ● Ja, es ist Viertel vor zwölf.
   ○ Danke!

3. Es ist 22 Uhr 30. Wir melden uns mit den Tagesthemen.

4. ○ Wann kommt denn der Film?
   ● Ich glaube, um halb elf.
   ○ Was, so spät?

1 50

Was läuft am Wochenende? KB 5/7

1. ○ Einen schönen guten Morgen an alle, die an diesem Sonntag schon früh raus müssen. Es ist 6 Uhr 20 und wir spielen die Hits für Sie.
   ● Oh Gott, nein! Heute ist doch Sonntag. Ich muss doch nicht aufstehen!!

2. Kinozentrum „Central&Union", guten Tag. Unsere Kasse ist zurzeit nicht besetzt. Wir informieren Sie aber gern über unser Programm. Am Abend läuft bei uns:
   Kino 1: „In 80 Tagen um die Welt", Beginn 19 Uhr.
   Kino 2: „Troja", Beginn 19 Uhr 30.
   Kino 3: „Die Unglaublichen", Beginn 21 Uhr 30.
   Unser Programm für morgen: Kino 1 ...

3. *(Glocke schlägt ein Uhr)*
   ○ Was möchten Sie bestellen?
   ● Einmal Fisch mit Kartoffelsalat, einen Fitnessteller und ein Kinderwiener mit Pommes, bitte. Dazu ein Mineralwasser, ein kleines Bier und eine Cola.

4. ○ Achtung! Letzter Aufruf für den Flug GA 892 nach Amsterdam, geplante Abflugzeit 9 Uhr 50. Wir bitten alle Passagiere nach Amsterdam zu Gate 5. Wir wünschen guten Flug!
   ● Tschüss, Tante Paula. Komm gut nach Hause!

Wochenendprogramm AB 5/11

1 51

Moderatorin: Wir, das Team vom Freizeit-Radio, fragen junge Leute: „Was machst du gerne am Wochenende?" – Hört nun die Antworten:

○ Hallo, ich bin Rebecca. Hm, was mache ich gerne am Wochenende? – Also, ein richtig gutes Wochenende ohne Freunde gibt es nicht. Ich treffe immer meine zwei besten Freundinnen, manchmal kommen auch noch andere Freunde mit, dann sind wir so acht Jugendliche und haben echt total viel Spaß.

○ Hi, ich heiße Clemens und habe total viele Hobbys. Mein Terminkalender am Wochenende ist also immer voll. Aber für einen guten Film muss einfach Zeit sein, Kino finde ich echt cool und wenn mein Taschengeld reicht, bin ich mindestens einmal pro Woche im Kino-Center.

○ Ich bin Anna-Lena und am Wochenende habe ich leider immer den totalen Stress. Ich spiele Volleyball und da haben wir fast jedes Wochenende ein Spiel. Manchmal spielen wir hier in der Stadt, aber wir müssen natürlich auch in andere Städte fahren und da sitzen wir oft stundenlang im Bus. Na ja, aber es ist okay, wir sind gut, ein echt starkes Team und wir haben auch viel Spaß zusammen.

○ Mein Name ist Noah und bei mir läuft gar nichts ohne Musik. Am Wochenende habe ich endlich mal Zeit, meine CDs und MP3s zu hören oder ich suche im Internet nach Informationen über neue Gruppen und Songs. Richtig perfekt ist mein Wochenende, wenn ich auf ein Rock- oder Popkonzert gehen kann.

Transkription

Sprechtraining: Unterschied *au - ei - eu/äu* KB 5/11 b

Mein Wecker klingelt. Heute ist Freitag und ich stehe wie immer zu spät auf. Ich habe keine Zeit für das Frühstück, meine Mutter gibt mir mein Schulbrot. Dann laufe ich aus dem Haus. Meine Freunde warten schon.
In der Schule ist viel los. Herr Neuner, der Klassenlehrer, bringt eine Neue mit. Sie heißt Claudia und ist neu in Leipzig. Sie bleibt jetzt in meiner Klasse. In der nächsten Stunde haben wir Deutsch - Frau Laufer gibt mal wieder viel zu viele Hausaufgaben. Aber nein - ich träume! Heute ist doch Samstag und ich habe frei!

Alina hat Terminstress KB 5/13

- Alina, vormittags hast du Schule. Was machst du nachmittags?
- Manchmal habe ich richtig Terminstress. Jeden Tag habe ich nach der Schule etwas anderes vor: Montags habe ich Ballett. Ballett mache ich schon seit 5 Jahren. Dienstags habe ich Nachmittagsschule, da haben wir also auch am Nachmittag 4 Stunden. Mittwochs gehe ich in die Gitarrenstunde und abends habe ich auch noch Basketballtraining. Donnerstags singe ich im Chor. Nur den Freitag, den halte ich mir frei. Einen freien Nachmittag in der Woche brauche ich einfach!

Stress im Traum KB 5/15

Stell dir vor, was ich geträumt habe: Also ich gehe zu meiner Gitarrenstunde und plötzlich bemerke ich, dass ich keine Gitarre mithabe. Dann komme ich ins Unterrichtszimmer und da ist kein Stuhl und auch kein Tisch, das Zimmer ist ganz leer. Ich mache eine andere Tür auf und da ist eine Party, mein Freund hat Geburtstag und ich habe kein Geschenk. Ich habe einen Teller, aber ich habe keinen Kuchen. Mein Freund und ich gehen weiter. Wir kommen in den Park. Wir joggen und wir haben keine Schuhe an. Mein Freund möchte Basketball spielen, aber wir haben auch keinen Ball. Und dann ...

Kinoprogramm KB 6/2

Radio Welle 102,5: Aufgepasst! Heute ist der 3.8. Hier kommen die Kinotipps der Woche.

Tipp 1: Superspannung mit Jude Law, Gwyneth Paltrow und Giovanni Ribisi in New York. Wer Thriller mag, muss „Sky Captain" unbedingt sehen. Am Donnerstag, den 5.8. um 18.00 und um 21.00 Uhr im Cinecity.

Tipp 2: Spaß ohne Ende mit Monica Bellucci und Gérard Depardieu. Die Italienerin Bellucci spielt Kleopatra und der Franzose Depardieu ist der dicke Obelix. In nur zwei Tagen, am 5.8., startet „Mission Kleopatra" im Cinecity um 20 Uhr 30.

Tipp 3: Neue deutsche Komödie mit Till Schweiger! „Barfuß" ist ein Film mit sehr viel Humor, aber auch Romantiker kommen nicht zu kurz. Filmstart im Fox am 5.8. um 18.00 Uhr.

Samstag: Kinotag! KB 6/3

- Hallo, Lisa?
- Oh, hallo Tommi, wie geht's dir?
- Danke, alles okay ... Du, Lisa, was sagst du? Gehen wir am Samstag ins Kino?
- Ins Kino? Ja ... gute Idee! Was läuft denn?
- Ja, warte ..., ich hab' das Programm hier ... Am 5.8., also am Donnerstag, starten drei neue Filme.
- Wie heißen die Filme?
- „Sky Capitain", „Mission Kleopatra" und „Barfuß".
- Mh, „Sky Capitain" ist ein Thriller mit Gwyneth Paltrow, richtig?
- Ja, genau, mit Gwyneth Paltrow, voll super ...
- Nee, ich finde Thriller eigentlich blöd ... „Mission Kleopatra" ist alt und auch nicht toll ... Wie ist denn „Barfuß"?
- Hier steht: Eine Liebeskomödie - echt witzig.
- Oh, super! Wir gehen in „Barfuß", okay? Wann treffen wir uns?
- Ja, also, der Film beginnt um 18 Uhr.
- Und wie lange läuft der Film?
- Hmm, Moment ..., von 18.00 bis 19 Uhr 30. Treffen wir uns um halb sechs im Fox?
- Okay, alles klar. Am Samstag, um 17 Uhr 30 im Fox. Bis dann! Ciao Tommi!
- Tschüss, Lisa, bis Samstag!

Wer hat wann Geburtstag? AB 6/8

Das ist Familie Becker. Sie sind fünf Personen, aber sie haben nur vier Geburtstage. Wie das kommt? Also, Herr Becker hat am 17.7. Geburtstag, seine Frau Annemarie wenig später, am 1.8. Dann ist da Jan, er feiert am 31.12. dieses Jahr seinen elften Geburtstag. Aber die beiden Schwestern, Alina und Alena, haben wirklich kein Glück: Sie feiern nur einmal im Jahr Geburtstag, und zwar am 20.9., sie sind nämlich Zwillinge. Doch da ist noch Linus, der Hund. Am 3.6. wird er ein Jahr alt. So feiert Familie Becker doch fünf Geburtstage!

Christoph ruft an! ➜ KB 6/5

▷ Karin Kramer.
▶ Hi Karin, Christoph hier. Ähhh, wie geht's?
▷ Gut, ja ... äh und dir?
▶ Auch, danke, äh ... ja ... was machst du denn am Freitag? ... Nachmittags, so um 3?
▷ Da, ach so, ja ... da kommt meine Oma zu uns. Familientreffen, du weißt ja ...
▶ Und später ... so um halb 5?
▷ Nee du, das dauert bestimmt bis abends. Von 3 bis 6 geht da sicher nichts. Leider ...
▶ Ja, klar, verstehe, hmm ... und am Donnerstag?
▷ Morgen?
▶ Nee, ich meine in einer Woche, am 12.
▷ Donnerstag ist aber der 13.
▶ Okay, also dann eben der 13. Ist eh mein Glückstag

...

▷ Ja, da habe ich Zeit. So um drei?
▶ Geht auch Viertel nach drei?
▷ Ja klar, und wo?
▶ Wie findest du Schlittschuhlaufen im Eisstadion?
▷ Perfekt. Also dann am 13.2. um Viertel nach drei.
▶ Alles klar. Tschüss.
▷ Ciao, Christoph.

Jugendliche erzählen im Radio ➜ KB 6/9

Moderatorin: Hallo, ich begrüße euch ganz herzlich zum Jugendforum AKTUELL!
Frank: Hallo!
Stefanie: Hi!
Thomas: Guten Tag!
Moderatorin: Unser Thema ist: Jugendliche heute. Was müssen sie, was dürfen sie? ... Frank, wie sieht das bei dir aus? Was musst du machen?
Frank: Ja, also ... Was ich muss? Viel ... Zum Beispiel meine Hausaufgaben machen, für die Schule, jeden Tag ... Sind die Hausaufgaben okay, darf ich aber auch am Samstag bis 22 Uhr ausgehen.
Moderatorin: Aha, ich sehe – ein gutes System ... Und du, Stefanie. Was sind deine Pflichten?
Stefanie: Hmm, ja meine Pflichten zu Hause: Ich muss mein Zimmer aufräumen ... Aber ich darf bis Mitternacht fernsehen, wenn es einen guten Film gibt.
Moderatorin: Das ist ja praktisch. Danke, Stefanie ... Und du, Thomas? Was sagst du zu dem Thema?
Thomas: Ich darf ziemlich viel. Zum Beispiel ins Kino gehen, das darf ich meistens, natürlich nur in Filme für mein Alter ... Aber ich muss pünktlich zu Hause sein, sonst gibt es Probleme. Ja, nur Moped fahren darf ich ja leider noch nicht. Aber nächstes Jahr, da möchte ich auf jeden Fall ein Moped haben.
Moderatorin: Danke, Thomas ... Wir stellen nun die Frage an unsere Zuhörer: Was müsst ihr, was dürft ihr? Ruft uns an und erzählt von euch!

Verabredung im Eiscafé ➜ KB 6/14

Pablo: Eine gute Idee, ein Eis ...
Kellnerin: Hallo zusammen! Was darf ich bringen?
Laura: Also ich möchte ein Eis: Vanille und Erdbeere ... Und, ja: Bringen Sie bitte auch eine Cola.
Kellnerin: Gut. Und du? Was möchtest du?
Pablo: Ich ... ja ... ich nehme zwei Kugeln Schokoeis und noch ein Glas Mineralwasser, bitte!
Kellnerin: Also, ich notiere: Zwei Eis, einmal Vanille und Erdbeere, einmal Schokolade, ein Glas Mineralwasser und eine Cola. Kommt sofort!

...

Kellnerin: Hier, bitte schön, guten Appetit!
Pablo: Hmmm, das ist lecker, Schoko ist mein absolutes Lieblingseis.
Laura: Nein, Erdbeere und Vanille sind ein Traum ... hmmm ...

...

Pablo: Wir möchten zahlen, bitte.
Kellnerin: Ja, sofort. Zusammen oder getrennt?
Laura: Getrennt, bitte.
Kellnerin: Also, einmal Vanille und Erdbeere und eine Cola, das macht 3,60 Euro.
Laura: Hier, 4 Euro, das stimmt so, danke.
Kellnerin: Danke schön, und bei dir ...

Bianca lädt ein ➜ KB 7/5

1. ▷ Schubart.
▶ Hallo, Martin! Hier ist Bianca.
▷ Hallo, Bianca! Wie geht's?
▶ Du, nächsten Monat macht unsere Schule ein großes Fest. Ich möchte dich gern einladen. Das Schulfest ist am 15. April.
▷ Ein Fest? Toll! Um wie viel Uhr?
▶ Das geht den ganzen Nachmittag. Und am Abend ist eine Party. Peter und Susi kommen auch. Du kennst sie ja.
▷ Ja, also ich hab bis 4 Uhr Training. Ich kann um 5 kommen.
▶ Das passt gut, da geben wir nämlich ein Konzert! Ich schicke dir eine Einladung.
▷ Danke, das ist nett.
▶ Bis dann, Martin. Ciao!

2. ▷ Hallo?
▶ Guten Tag, hier spricht Bianca Müller. Kann ich bitte Nina sprechen?
▷ Einen Moment bitte ... Nina!
▷ Ja, hallo?
▶ Hallo, Nina, ich bin's, Bianca. Ich möchte dich für den 15. April einladen. Da haben wir ein Schulfest.
▷ Am 15. April?
▷ Ja, kannst du kommen?
▷ Warte mal, ist das ein Freitag?
▷ Ja, genau.

Das tut mir Leid, da kann ich nicht. Da machen wir einen Schulausflug.
Oh schade! Na ja, vielleicht nächstes Mal … Und wie geht's dir so?
Ja, …

3. Wolff.
Hallo, Tante Ingrid!
Hallo, Bianca! Schön, dass du anrufst.
Ja, ich möchte euch fragen … was macht ihr denn am 15. April, du und Onkel Paul? Habt ihr Zeit?
Am 15. April? Hm, das weiß ich noch nicht.
Dann kommt doch zum Schulfest. Wir machen ein tolles Programm.
Oh ja, wir kommen sehr gern! Aber du weißt ja, Onkel Paul hat viel Arbeit. Ich muss ihn noch fragen …
Gut, dann rufe ich euch morgen noch mal an.
Schön, bis dann, Bianca! Tschüss!
Tschüss, Tante Ingrid!

Aufgaben verteilen KB 7/8

Lehrer: So … wir müssen jetzt das Kaffeehaus planen. Die Aufgaben stehen an der Tafel. Wer kann was machen?
Verena: Ich kann Teller und Tassen mitbringen. Kann vielleicht jemand helfen?
Ulli: Ja, ich.
Lehrer: Schön, also Verena und Ulli, bringt bitte Teller und Tassen mit! Und was ist mit dem Plakat? Ayshe, du kannst doch gut malen. Mal doch bitte ein Plakat!
Ayshe: Ist gut, mach ich gern.
Lehrer: Und wir brauchen natürlich Leute für das Buffet. Till und Uwe, könnt ihr einkaufen?
Till: Okay, aber helfen Sie uns bitte!
Lehrer: Kauft bitte Kaffee, Milch und Zucker. Und auch andere Getränke: Mineralwasser, Orangensaft … Und dann brauchen wir etwas zum Essen.
Till: Sandra, deine Mutter kommt doch aus Österreich. Back doch einen Apfelstrudel!
Sandra: Ja, das ist kein Problem!
Lehrer: Stefanie, du hast noch keine Aufgabe. Bring doch auch einen Kuchen mit.
Stefanie: Na ja … ich weiß nicht … das kann ich schon machen.
Lehrer: Und die Musik?
Uwe: Na, das ist doch klar. Das macht Leo.
Leo: Nee, ich will das aber nicht.
Lehrer: Ach Leo, du spielst doch so schön! Spiel bitte Klavier!
Leo: Na gut …
Lehrer: Und wer räumt auf?
Verena: Da können doch alle mithelfen.

Hilfe! Was ziehe ich an? AB 7/19

Du, Verena, morgen ist doch das Schulfest. Was ziehst du da an?
Mein Lieblingskleid. Du weißt doch, dunkelblau, lang, ganz schick …
Ich weiß nicht – das lange Kleid für die Party? Nimm doch lieber den Minirock mit einem Top.
Nee, das ziehe ich doch jeden Tag an.
Dann die neue Jeans, die ist doch ganz cool.
Also ich weiß nicht. Was ziehst du denn an, Ayshe?
Na ja, das grüne T-Shirt und den Jeansrock? Oder den rosa Pulli und die schwarze Jeans.
Nimm die weiße Hose. Die ist super!
Ja, gute Idee! Die Hose und den rosa Pulli.
Ich glaube, ich nehme doch das Kleid. Puh, ist das ein Stress!
Ja, total. Also dann bis morgen!

Der rasende Reporter KB 7/12

Reporter: Hallo liebe Hörer! Heute ist der große Tag: Unsere Schule feiert 50-jähriges Jubiläum. Wir wollen euch zeigen, wie die Stimmung hier ist …

1. *Reporter:* Hallo Jungs! Wie steht das Spiel?
Junge: 3:1.
Reporter: Für wen?
Junge: Für uns natürlich!
Reporter: Na dann gratuliere ich euch! Wer steht denn im Tor?
Junge: Na der Micha, das ist doch logisch!
Reporter: Ah ja, der Micha Scholz aus der 7b. Den kenne ich, ein super Tormann. Da braucht die 7a aber einen guten Stürmer!
Junge: Das kann man so sagen!
Reporter: Na dann, alles Gute für die zweite Halbzeit!

2. *Mädchen 1:* Du, Martina, kennst du ihn?
Mädchen 2: Nee.
Mädchen 1: Hallo, deine Einladung bitte!
Junge: Meine Einladung? Ähh … ja, wo ist denn meine Einladung?
Mädchen 1: Tut mir Leid, dann kann ich dich nicht reinlassen.
Reporter: Na, wie läuft's bei euch? Wie viele Gäste sind denn schon da?
Mädchen 2: Hm, so circa zweihundert. Es kommen auch viele Eltern und Geschwister. Natürlich kennen wir nicht alle. Da müssen wir eben kontrollieren.
Reporter: Ja, das ist bestimmt nicht leicht, bei den vielen Menschen …

3. *Mädchen:* Ich suche meine Perücke! Wer hat meine Perücke?
Reporter: Na bei den Theaterleuten ist ja was los! Wann fängt denn das Stück an?
Mädchen: Gleich, in fünf Minuten! Oh Mann ... ich suche noch meine Perücke ... Wer hat meine Perücke???
Reporter: Oh oh, na dann will ich dich nicht lange aufhalten! Und viel Glück auch!

4. *Reporter:* Hallo, darf ich Sie etwas fragen? Was essen Sie da?
Frau: Sachertorte. Schmeckt wirklich sehr gut!
Reporter: Aha, na dann probier ich die auch mal! ... Kannst du mir bitte eine Sachertorte bringen?
Mädchen: Natürlich! Möchtest du auch etwas trinken? Eine Wiener Melange oder einen Kapuziner ...
Reporter: Einen Milchkaffee bitte. Mit viel Milch!
Mädchen: Bitte, gern.
Reporter: Also im Kaffeehaus sitzt man sehr gemütlich ... und die Sachertorte ist lecker!

Partydialoge → KB 7/14

1. ▷ Kennst du ihn?
▶ Leider nicht. Ich finde ihn total süß!

2. ▷ Möchtest du eine Cola? Ich lade dich ein.
▶ Danke, das ist aber nett!

3. ▷ Was ist los? Hast du schlechte Laune?
▶ Meine Eltern holen mich um 9 ab. Ich will aber noch bleiben!

4. ▷ Kommst du mit tanzen?
▶ Ich kann jetzt nicht, ich suche meine Schwester. Ich muss sie finden.

Ein Gedicht → KB 7/Im Team

Bernhard Lins
Ich will dich heut nicht sehen

Ich will dich heut nicht sehen
und sag dir ins Gesicht:
Ich will dich heut nicht sehen.
Ich mag dich heute nicht.

Ich kann dich heut nicht riechen,
du machst dich nicht beliebt.
Mach bitte eine Fliege,
bevor es Ärger gibt.

Ich möchte heut allein sein
und sag dir ins Gesicht:
Ich hab heut schlechte Laune
und mag mich selber nicht.

Ich will dich heut nicht sehen.
Ich weiß, das klingt gemein.
Doch ich kann heute leider nicht
auf Knopfdruck lustig sein.

Hast du mal schlechte Laune,
dann kann ich dich verstehn.
Und spätestens heut Abend
möcht ich dich wieder sehen.

Vor dem Schaufenster → KB 8/1

Erika: Guck mal, die Tasche! 33,50 Euro, na ja, etwas teuer ... Vielleicht kauft Oma die mir zum Geburtstag. Mal sehen ...

Stella: Die Tasche ist langweilig, finde ich. Siehst du das Skateboard? Das ist toll! Das probiere ich gleich aus.

Gabriel: Hey Leute, das T-Shirt, das finde ich super schön und gar nicht teuer. Nur 19,90 Euro! Das kaufe ich mir am Samstag, da bekomme ich mein Taschengeld.

Mark: Turnschuhe für 52,50 Euro! Die sind aber echt cool und auch billig! Die kaufe ich ... Ich brauche ja eh neue Turnschuhe ...

Taschengeld → KB 8/2

1. ▷ Hallo, kann ich dich was fragen? Wie viel Taschengeld bekommst du pro Woche?
▶ Ich bekomme nicht viel Taschengeld. Nur 3 Euro. Jede zweite Woche gehe ich ins Kino oder ins Eiscafé. Wenn ich einen großen Wunsch habe, sage ich das meinen Eltern.

2. ▷ Wir machen eine Umfrage für Jugendwelle 109,2. Wie hoch ist denn dein Taschengeld pro Woche? Und was kaufst du davon?
▶ Mein Taschengeld? 5 Euro pro Woche. Davon kaufe ich mir vor allem Bücher und Zeitschriften wie Bravo, Mädchen und so. Meine Mutter will mir die Zeitschriften nämlich nicht kaufen, nur ganz langweilige Bücher ...

3. ▷ Hallo, eine kurze Frage. Wie viel Taschengeld bekommst du?
▶ 10 Euro pro Woche ... Das ist ganz okay, finde ich.
▷ Und wofür gibst du es aus?
▶ Ich kaufe mir davon DVDs und CDs. Manchmal gehe ich zum Fußballspiel. Die Karte ist nicht billig, sie kostet 15 Euro. Und ich spare für ein Mofa! Ich will mir unbedingt ein Mofa kaufen, wenn ich 16 bin!

4. ▷ Hallo, wir machen eine Sendung zum Thema Taschengeld. Kannst du uns kurz was dazu sagen?
▶ Taschengeld bekomme ich 8 Euro die Woche. Davon kaufe ich T-Shirts, Jeans

… Klamotten eben – in Billigläden. Meine Mutter will mir zwar immer Markenklamotten kaufen, aber es gibt ja auch viele coole Sachen, die ich dort ganz billig bekomme …

- Danke!

Christiane und Sandra im Modeshop ➲ KB 8/6

Verkäuferin: Hallo, kann ich helfen?
Christiane: Nein danke, wir möchten nur ein bisschen schauen …
Verkäuferin: Bitte gern, schaut nur …
Sandra: Guck mal Chris: Das T-Shirt ist echt süß!
Christiane: Nee, das gefällt mir nicht. Zu bunt, finde ich!
Sandra: Ach, du bist schwierig … Und die Schuhe hier?
Christiane: Mal sehen! … Zu eng! Leider, die sind nämlich echt schön …
Sandra: Die Schuhe also nicht, okay … Hier, die Hose ist auch ganz nett!
Christiane: Aber zu lang, das sehe ich jetzt schon …
Sandra: Und die Bluse hier? Hellblau, die Farbe passt dir ja auch echt gut …
Christiane: Zu weit, aber vielleicht was für Mama … zum Geburtstag, was meinst du?
Sandra: Die ist dir zu weit, ja … Aber deiner Mama passt sie sicher gut. Ja, die Idee finde ich gut! Ist auch nicht so teuer: 15,45!
Christiane: Ja, die nehme ich. Mama gefällt die Bluse sicher und ich habe schon ein Geburtstagsgeschenk.

Im Handyladen ➲ KB 8/7

Verkäufer: Guten Tag, kann ich Ihnen helfen?
Onkel: Guten Tag, ja … also … ich suche ein Handy … für meinen Neffen hier.
Verkäufer: Wir haben viele Modelle. Wie viel möchten Sie denn ausgeben?
Onkel: So … 60 Euro circa.
Andreas: Guck mal, das hier ist toll!
Onkel: Aber 120 Euro, das ist mir zu teuer, Andreas! Wie findest du das hier?
Andreas: Ja, echt super! Das gefällt mir …
Verkäufer: Wir haben hier noch eins: Das hat eine Kamera! Du kannst Fotos machen und MMS verschicken …
Onkel: Eine Kamera? Du willst doch telefonieren … Das finde ich zu kompliziert!
Verkäufer: Aber sehen Sie: Das Handy mit Kamera ist sehr praktisch und es kostet nicht viel.
Onkel: Na gut, dir gefällt es ja auch, Andreas.
Andreas: Oh ja!
Onkel: Das nehmen wir!
Verkäufer: Sehr gute Wahl! Das macht also 79,90.
Onkel: Hier bitte, 80 Euro.
Verkäufer: Danke schön! 10 Cent zurück.
Onkel: Danke und auf Wiedersehen!

Im Sportgeschäft ➲ AB 8/11

- Hallo, kann ich dir helfen?
- Guten Tag, ich suche einen Jogginganzug … Ich spiele Volleyball.
- Ah, du spielst Volleyball? Toll, ich auch … Also einen Jogginganzug, mal sehen. Hast du eine Lieblingsfarbe?
- Gelb ist meine Lieblingsfarbe.
- Aha, Gelb … Wir haben ein paar Modelle. Wie viel möchtest du denn ausgeben?
- Circa 50 Euro. Die sind das Geburtstagsgeschenk von Oma.
- Na, für 50 Euro finden wir sicher einen Jogginganzug … Wie findest du den hier?
- Der ist cool! Was kostet der?
- 45,50 Euro. Gefällt er dir?
- Ja, ich möchte ihn gern probieren.

…

- Und, passt er dir?
- Der passt echt gut. Den kaufe ich …
- Eine sehr gute Wahl, er passt dir wirklich perfekt!

…

- Das macht also 45 Euro 50.
- Hier, bitte, 50 Euro.
- Danke schön, und 4,50 Euro zurück … Viel Spaß beim Volleyball!
- Vielen Dank und auf Wiedersehen!
- Tschüss!

Im Einkaufszentrum ➲ KB 8/10

1.
- Dein Rock ist aber schick!
- Den gibt's bei Flipps.
- Flipps? Wo ist das denn?
- Oben, im vierten Stock.
- Ah, dort!

2.
- He, Robert – die Sonnenbrille ist ja echt super! Wo gibt's die denn?
- Bei „Sport und Spaß" natürlich!
- Wo ist denn „Sport und Spaß"? Im Erdgeschoss?
- Nein, das ist gleich hier, im ersten Stock links!
- Ah, hier gleich links, okay!

3.
- Hi, Hannes!
- Hi, Michi! Guck mal, das Buch ist interessant!
- Die Musikgruppen und die Biografien über die Sänger ... nicht schlecht. Wo kann man das kaufen?
- Bei „Music Mayer". Oben, im fünften Stock rechts.
- Oben rechts, okay. Bin schon weg! Danke!

4.
- Dein T-Shirt ist aber originell, Anna!
- Das gefällt dir? Geh doch zu „Deine Mode"!
- Deine Mode? Wo ist denn das?
- Im dritten Stock.
- Im dritten Stock?
- Ja, genau, gleich dort links!
- Ah, links, okay!

Sprechtraining: *sch*, *sp* und *st* KB 8/11

1. Du suchst einen Fußball? Den gibt's bei „Sport und Spaß" im ersten Stock!
2. Du suchst Sportschuhe? Die gibt's bei „Schuhkönig" im Erdgeschoss!
3. Du suchst ein Spielzeug für deine Schwester? Das gibt's bei Spielzeug von 0–99 im ersten Stock!
4. Du suchst schwarze Strümpfe für Papa? Die gibt's bei „Strumpf & Socke" im vierten Stock!
5. Du suchst ein Geschenk für Stefanie? Das gibt's bei „Schnick-Schnack" im zweiten Stock!
6. Du suchst eine Playstation für Sascha? Die gibt's bei „Station 007" im dritten Stock!

Statistische Angaben verstehen AB, Meilenstein 4/6

„Was essen Jugendliche in der Pause? Was macht Jugendliche fit?" – Das ist das Thema unserer heutigen Sendung. Wir beginnen mit einer kleinen Statistik über Jugendliche in Deutschland. 68 % der 15-Jährigen, so sagt die Statistik, essen in der Pause Obst, z.B. einen Apfel oder eine Banane. Das ist auf jeden Fall gut für die Gesundheit. Aber ein Apfel ist nicht genug! Deshalb bringen 89 % der Jugendlichen belegte Brote von zu Hause mit, das gibt die nötige Energie für den Schulalltag. Es gibt aber noch eine andere Gruppe: 27 %, und das ist fast ein Drittel, essen in der Pause nur Süßes: süßes Gebäck, Schokoriegel, Schokoladenkekse usw.
Im Studio haben wir vier Jugendliche vom Kant-Gymnasium in Freiburg zu Gast. Ich frage gleich mal die junge Dame zu meiner Linken: Alina, was isst du denn in der Pause? ...

Silvios Zuhause KB 9/1

- Hallo. Hier ist „Antenne aktuell", das Radioteam des Theodor-Fontane-Gymnasiums. Das Thema der Woche ist „Mein Zuhause". Wir möchten gerne wissen: Wie lebt ihr so? Heute sprechen wir mit Silvio Zanetti aus der 8a. Hallo, Silvio!
- Hallo!
- Also, Silvio, erzähl mal: Wo wohnst du?
- Ich wohne auf dem Land, in einem kleinen Dorf ca. 10 km von hier.
- Aha. Gefällt es dir dort?
- Ja, ich finde das Leben auf dem Land sehr schön. Der Wald ist gleich in der Nähe. Ich mag die Natur, und manchmal auch die Ruhe.
- Wohnst du auf einem Bauernhof?
- Nein. Wir haben ein großes Einfamilienhaus, ziemlich modern. Mein Zimmer ist im ersten Stock.
- Habt ihr auch einen Garten?
- Ja, der ist ganz toll. Da sitzen wir oft und sonntags frühstücken wir immer draußen. Im Sommer grillen wir auch manchmal.
- Dann kommen wir auch schon zu meiner nächsten Frage. Hast du einen Lieblingsplatz bei dir zu Hause?
- Ja, habe ich. Das klingt jetzt vielleicht etwas komisch, aber mein Lieblingsplatz ist im Keller. Mein Zimmer mag ich natürlich auch, aber im Keller fühle ich mich richtig wohl.
- Was ist denn so toll an deinem Keller?
- Wir haben da einen echt coolen Fitnessraum. Da kann ich ein bisschen trainieren, und dabei ganz laut Musik hören. In meinem Zimmer kann ich das nicht, meine Eltern finden meine Musik nämlich schrecklich.
- Na, dann ist der Keller ja eine prima Lösung! Und jetzt hören wir ein bisschen Musik und dann sprechen wir noch über dein Zimmer.

Transkription

Meine Adresse ➔ KB 9/5

1.
- ▷ Guten Tag!
- ▶ Hallo! Ja, bitte?
- ▷ Wir haben eine neue Adresse und ich möchte mich gern ummelden.
- ▶ Gut, wie ist denn deine neue Adresse?
- ▷ Wir wohnen jetzt in Marbach. Meine Adresse ist: Waldweg 7, 71672 Marbach.
- ▶ Gut, ich ändere das.
- ▷ Danke!

2.
- ▷ Wir haben eine neue Wohnung.
- ▶ Wirklich? Wo wohnst du denn jetzt?
- ▷ In einem Mehrfamilienhaus am Stadtrand. Kommst du mich nächsten Freitag besuchen?
- ▶ Gern. Wie finde ich dich?
- ▷ Kennst du den Etruskerweg?
- ▶ Nein, leider nicht.
- ▷ Aber den Schillerpark kennst du, oder?
- ▶ Ja.
- ▷ Super, an der Ecke Schillerpark und Etruskerweg liegt das Haus.
- ▶ Das finde ich bestimmt.
- ▷ Das Haus hat die Nummer 3 und die Wohnung ist im 4. Stock, aber es gibt einen Lift.
- ▶ Zum Glück! Also, ich komme dann am Freitag, okay?
- ▷ Super!

3.
- ▷ Kommst du zu meiner Party?
- ▶ Ja, gern! Wo wohnst du denn?
- ▷ Ich wohne in der Schillerstraße 54.
- ▶ Ah ja, die kenne ich.
- ▷ Das ist gut, du musst vielleicht ein paar Mal klingeln. Wir sind im Garten und es ist bestimmt laut.

Was ist in Silvios Zimmer? ➔ KB 9/6

- ▷ Ja, hallo, liebe Hörer. Da ist immer noch „Antenne aktuell" zum Thema „Mein Zuhause" und Silvio ist bei uns im Studio. – Silvio, du hast doch ein eigenes Zimmer …
- ▶ Ja, jetzt haben mein Bruder und ich endlich jeder ein eigenes Zimmer und das ist super! Jetzt hat endlich jeder auch mal seine Ruhe.
- ▷ Wie groß ist dein Zimmer?
- ▶ Hm, ich weiß nicht genau, so ca. 15 m^2, aber es ist wirklich groß genug für mich und meine Sachen.
- ▷ Was gibt es denn alles in deinem Zimmer?
- ▶ Also da ist einmal mein Schreibtisch, der ist meistens chaotisch und ich muss immer lange suchen, aber ich finde alles. Der steht am Fenster, in der Ecke. Dann ist da noch ein Kleiderschrank, ein großes Regal für meine Bücher, DVDs, Spiele und so – natürlich ist da auch noch mein Bett. Das ist neu und schön groß.
- ▷ Na, du bist ja auch sehr groß. Welche Dinge im Zimmer magst du denn besonders gern?
- ▶ Also, ich habe da eine kleine Lampe im Regal, die finde ich echt cool, dann – logo – mein Computer und mein CD-Player. Und na klar meine Fußballsachen, ich sammle nämlich Trikots und so.
- ▷ Aha.
- ▶ Ja, ich bin ein absoluter England-Fan, hab sogar im Moment eine England-Fahne an der Tür hängen. Das findet meine Mutter nicht so toll.
- ▷ Ich verstehe. Gibt es sonst noch etwas?
- ▶ Hm …, ja, ich habe noch Fotos an der Wand von Familie, Freunden und so. Und, na klar, ganz wichtig: meine Schildkröten. Ich hab nämlich ein Terrarium im Zimmer.
- ▷ Na, da hast du selbst ja fast keinen Platz mehr.
- ▶ Ach, das geht schon.
- ▷ Danke, Silvio! Und jetzt wieder Musik …

Lieblingsplätze im Jugendzentrum ➔ KB 9/10

Saskia: Hi, ich bin Saskia. Bist du neu hier?
Yannick: Hallo, ich bin Yannick. Ja, ich bin das erste Mal hier. Was kann man hier alles machen?
Saskia: Also ich verbringe fast meine ganze Freizeit im Jugendzentrum. Hier gibt es alles: Sportkurse, ein Lerncenter, da hole ich mir manchmal Tipps für Französisch. Es gibt einen Billard-Tisch, da spielen meine Freundin und ich sehr oft. Der Billard-Raum ist mein Lieblingsplatz hier. Du musst unbedingt einmal spielen!
Yannick: Gern!

Andrea: Hallo, ich bin Andrea und ich gehe sehr gern ins Internetcafé, aber das ist nur einmal pro Woche geöffnet. Manchmal dürfen wir sogar gratis surfen oder mit den Freunden chatten. Toll finde ich auch den Hip-Hop-Kurs. Da trifft sich die ganze Clique und hat jede Menge Spaß. Mach doch mal mit!

Yannick: Hip-Hop? Na ja, warum nicht?!

Eddi: Und ich mag die Kreativ-Kurse total gern.

Andrea: Eddi ist nämlich unser Künstler.

Eddi: Ja, das Kreativ-Angebot ist hier echt super. Hier kann man malen, tanzen und es gibt sogar einen großen Musikraum, da übe ich einmal pro Woche mit meiner Band. Ich spiele nämlich Schlagzeug und liebe mein Instrument. Der Musikraum ist dafür echt super. Kommst du zu meinem Konzert am Freitag?

Yannick: Na klar!

Dominik: Richtig toll ist es draußen. Da gibt es einen total coolen Skaterpark, mein Skateboard nehme ich immer mit, und meine Freunde und ich trainieren dann in der Halfpipe. Mein Freund kann viele Figuren, er ist echt super. Es gibt auch einen Korb und man kann Basketball spielen. Magst du Sport?

Yannick: Oh ja, Basketball finde ich echt cool.

Dominik: Super, dann werfen wir gleich mal ein paar Körbe, komm! Übrigens, ich bin Dominik.

Yannick: Wow, danke für die vielen Infos. Hier ist ja echt total viel los!

Ein Interview mit Frau Janshoff ➲ KB 9/12

- Wir stellen heute das Jugendzentrum „Treff 2000" vor. Frau Janshoff, Sie leiten das „Treff 2000". Wie lange gibt es Ihr Jugendzentrum schon?
- Im Sommer sind es schon 5 Jahre.
- Und wie ist Ihre Arbeit hier?
- Nun, sie ist nicht schwer, aber doch sehr anstrengend. Ich möchte für alle Jugendlichen da sein und das braucht viel Zeit, oft auch die Freizeit.
- Sie verbringen Ihre Freizeit auch hier? Was sagt denn Ihre Familie dazu?
- Na ja, die Kinder finden es hier super und kommen gern mit. Und mein Mann hilft mir ja auch bei der Arbeit.
- Sie teilen sich also die Arbeit. Was macht denn Ihr Mann im Jugendzentrum?
- Er ist Sportlehrer und organisiert hier das Sportprogramm. Er kennt sich auch sehr gut am Computer aus und macht im Internetcafé mit.
- Was wünschen Sie sich noch für Ihr Jugendzentrum?
- Ein bisschen Geld von der Stadt. Dann können wir länger offen haben und noch neue Kurse anbieten. Viele Jugendliche haben kein wirkliches Zuhause und brauchen uns.
- Vielen Dank, Frau Janshoff und weiter viel Erfolg mit Ihrem Jugendzentrum!
- Danke. Auf Wiedersehen!

Ideen für eine Klassenfahrt ➲ KB 10/2

Lehrerin: Wir müssen heute unsere Klassenfahrt planen. Wir haben zwei Angebote aus Österreich. Wir können zum Beispiel eine Woche in der Stadt Salzburg verbringen.

Junge 1: Das finde ich gut.

Mädchen 1: Ach nein, da haben wir die ganze Woche nur Kultur. Ich möchte lieber Sport machen.

Lehrerin: Es gibt ja noch eine andere Möglichkeit. Wir können auch in einen Nationalpark fahren.

Mädchen 2: Da müssen wir dann bestimmt auf jeden Berg wandern.

Mädchen 1: Natur finde ich gut, aber ich möchte lieber an einen See.

Lehrerin: Das gibt es auch. Im Nationalpark gibt es einen Fluss, dort ist Rafting möglich.

Junge 2: Rafting? Cool! Das möchte ich gern mal machen. Was kann man noch machen?

Lehrerin: Da kann man natürlich viel Sport machen: wandern, klettern ... Am besten fragen wir mal nach. Also, der Nationalpark interessiert euch?

Alle: Ja.

Lehrerin: Gut, dann schreiben wir den Park einmal an. Wann wollt ihr denn fahren?

Mädchen 2: Im Frühling. Da ist es sicher toll beim Rafting.

Junge 1: Da ist das Wetter noch nicht so gut. Fahren wir lieber im Sommer.

Lehrerin: Was haltet ihr von Juni?

Junge 1: Ja, eine gute Idee.

Lehrerin: Gut, dann gibt es noch eine letzte Frage. Wo wohnen wir? Auf dem Campingplatz ist es bestimmt zu kalt. Es gibt leider keine Jugendherberge dort. Vielleicht ist ein Jugendhotel gut für uns? Oder möchtet ihr Urlaub auf dem Bauernhof machen?

Junge 2: Ja, Bauernhof, das klingt super!

Lehrerin: Im Internet gibt es ein Online-Formular. Das füllen wir jetzt aus und lassen uns Prospekte und ein Angebot schicken.

Transkription

Julian hatte Raftingkurs ➲ KB 10/8

- Wo warst du denn?
- Ich war beim Rafting.
- Und, wie war's?
- Es war total cool, aber auch sehr nass.
- Ja, das sehe ich. Hattest du keine Regenjacke?
- Doch, ich hatte auch Gummistiefel.
- Und deine Haare? Hattest du keinen Helm?
- Ich hatte auch einen Helm, aber der Fluss war echt wild.
- Ach ja? War es denn gefährlich?
- Nein, unser Trainer Rico war wirklich super.
- Na dann ist ja gut. Am Mittwoch habe ich auch Raftingkurs.
- Na dann viel Spaß!

Unsere schönsten Erinnerungen ➲ KB 10/11

Lehrerin: So, unsere Klassenfahrt ist leider vorbei …
Alle: Ja, schade …
Lehrerin: Was hat euch denn besonders Spaß gemacht?
Mädchen 1: Alles, es war alles echt super.
Junge 1: Ja, finde ich auch. Das Rafting hat sehr viel Spaß gemacht.
Mädchen 2: Ja, aber ich bin ins Wasser gefallen!
Junge 1: Das war doch lustig!
Mädchen 2: Und ich habe tolle Fotos gemacht.
Junge 1: Zeig mal!
Mädchen 2: Guckt mal, hier sind wir geklettert und da haben wir die Hängebrücke gebaut.
Mädchen 3: Ich finde, die Natur war auch total schön, ich habe so viele Tiere und Pflanzen gesehen.
Junge 2: Ja, aber wir sind zu viel gewandert.
Mädchen 1: Das war doch auch schön. Danach haben wir viel gegessen.
Junge 3: Das stimmt, und das Essen war echt gut.
Mädchen 1: Richtig schön war auch das Lagerfeuer am letzten Abend.
Junge 1: Ja, finde ich auch.
Lehrerin: Na dann habt ihr ja wirklich schöne Erinnerungen.
Alle: O ja … hoffentlich fahren wir bald wieder …

Sprechtraining: E-Laute ➲ KB 10/13a

1. Servus Stefan! Wir sind sechs Stunden mit den Rucksäcken gewandert. Der Weg auf den Berg war sehr anstrengend! Ben
2. Hallo Onkel Herbert! Nach dem Klettern fährt die ganze Klasse an einen See. Das Wasser ist aber noch sehr kalt. Viele Grüße! Greta
3. Liebe Tante Bärbel! Das Essen schmeckt echt lecker. Ich nehme immer zwei Teller voll und esse den anderen fast alles weg. Dein Felix

Sprechtraining: E-Laute ➲ KB 10/13c

den, dem, sechs, sehr, echt, schmeckt, sehen, lecker, Teller, klettern, Greta, Ben

So bleibe ich fit ➲ KB 11/6

Reporter: Und jetzt unser Beitrag zu „So bleibe ich fit." … Monika, du bist auf dem Erich-Kästner-Gymnasium. In welche Klasse gehst du?
Monika: Ich gehe jetzt in die 11. Klasse. Ich habe immer eine Menge Hausaufgaben und muss mich ständig auf Klassenarbeiten vorbereiten. Das ist echt nervig.
Reporter: Und was tust du gegen diesen Stress?
Monika: Zum Glück habe ich dreimal in der Woche Schulsport, das find' ich gut. Sonst habe ich keine Zeit. Vielleicht gehe ich auch mal joggen, so einmal die Woche.
Reporter: Und am Wochenende?
Monika: Da bin ich faul, da schlaf ich mich aus.
Reporter: Das muss auch sein. Danke Monika. Ciao!
Monika: Ciao!

Reporter: Herr Balmer, haben Sie eine Minute Zeit? Ich weiß, dass Sie sehr viel arbeiten.
Herr Balmer: Ja, ich habe wirklich viel zu tun. Am Vormittag Unterricht, dann die Stundenvorbereitungen, ich leite auch zwei AGs …
Reporter: Ja, aber wie bleiben Sie trotzdem fit? Was ist Ihr Trick dabei?
Herr Balmer: Ich gehe zweimal in der Woche schwimmen, meistens am Abend. So entspanne ich mich. Und einmal in der Woche treffe ich mich mit alten Freunden zum Fußballspielen. Wir machen das schon 10 Jahre lang, immer samstags. Wir mieten die Turnhalle der Schule und da spielen wir dann.
Reporter: Das ist ja toll.
Herr Balmer: Ja, aber jetzt muss ich los … Tschüss dann!
Reporter: Ja, klar, auf Wiedersehen, Herr Balmer!

Reporter: Hallo Jochen, ich sehe, dass du jetzt in die Bibliothek rennst.
Jochen: Hi Andi! Ja ich brauch wieder mal neuen Lesestoff…
Reporter: Ja super, aber was tust du für deine Gesundheit?
Jochen: Für meine Gesundheit? Na ja … ich habe Schulsport und ich fahre Rad. Ich komme jeden Tag mit dem Fahrrad zur Schule. Ich wohne nicht weit, das dauert nur eine halbe Stunde. Das ist echt ein guter Start in den Tag. Früher habe ich richtig Sport gemacht, ich war in einem Judo-Verein.
Reporter: Echt?

Jochen: Ja, aber jetzt schaffe ich das nicht mehr, ich muss ziemlich viel fürs Abitur lernen. Jetzt bleibt eben nur das Fahrrad.
Reporter: Ich verstehe. Na dann, alles Gute fürs Abi!
Jochen: Ja danke, ciao!

Reporter: Hallo, wie heißt du?
Marco: Ich? Marco.
Reporter: Marco, was machst du denn, um fit zu sein?
Marco: Also, ich mache total viel Sport. Ich spiele Wasserball in einem Verein, ich habe fünfmal Training in der Woche.
Reporter: Fünfmal? Das ist echt viel. Machst du sonst noch was?
Marco: Ja, in meiner Freizeit fahre ich gern Inliner.
Reporter: Na, du bist ja eine richtige Sportskanone.
Marco: Ja, also, tschüss dann.
Reporter: Ciao Marco!

Reporter: Hallo Frau Möller, darf ich Sie kurz stören?
Frau Möller: Ja, komm nur.
Reporter: Frau Möller, was tun Sie für Ihre Gesundheit?
Frau Möller: Ja, also, ich mache Yoga, das tut mir sehr gut.
Reporter: Aha, Yoga, wann machen Sie denn das?
Frau Möller: Ich beginne jeden Tag mit einigen Übungen. Dann dusche ich mich kalt, und so kann es losgehen. In der Schule ist ja immer so viel los, die vielen Schüler, die Lehrer und die Telefonanrufe. Ich mache aber auch oft ruhige Abende, da höre ich Musik oder lese. Das ist alles sehr gut gegen Stress.
Reporter: Ja, jetzt weiß ich, warum Sie immer so ruhig und freundlich sind. Danke, Frau Möller!
Frau Möller: Tschüss Andi!

Reporter: Das war unser Beitrag zu „So bleibe ich fit." Und was macht ihr, um fit zu sein? Schreibt an die Schülerzeitung …

Frühstückstypen ➔ KB 11/13

Ines: Manchmal frühstücke ich, manchmal nicht. Das hängt davon ab, wie gut ich morgens aus dem Bett komme. Oft bleibt mir einfach keine Zeit. Eigentlich frühstücke ich schon gerne, aber ich mag auch lange schlafen. Ich will morgens jede Minute ausnutzen und lange im Bett bleiben. Meistens trinke ich nur einen Tee und nehme das Brötchen mit.

Lars: Ich kann morgens einfach nicht an Essen denken, mir wird schlecht davon. Ich weiß, dass es nicht gut ist, aber ich bekomme morgens einfach nichts Essbares herunter. Ein Jogurt, das geht vielleicht, das ist aber auch alles.

Jasmin: Zum Frühstücken nehme ich mir immer viel Zeit. Ich brauche einfach Energie für den Tag. Meine Mutter deckt den Tisch zum Frühstück, wir haben immer eine große Auswahl. Ich esse meist eine große Schale Müsli mit frischem Obst und Honig und ich trinke ein Glas Orangensaft. Das macht mich richtig fit für den Tag. Sonntags mach ich mir einen Obstsalat.

Franz: Ich esse abends immer viel, aber trotzdem. Ich steh' auf und habe einen Riesenhunger. Ich esse auch gern mal was Warmes zum Frühstück: Schinken und Eier zum Beispiel, und viel Brot dazu. Nachher noch etwas Süßes, ein Nutellabrot oder eine Banane.

Das optimale Frühstück ➔ KB 11/15

Reporter: Frau Schelling, wie sieht es denn nun aus, das optimale Frühstück?
Frau Schelling: Also auf jeden Fall abwechslungsreich. Ich empfehle ein Frühstück mit verschiedenen Produkten. Sehr wichtig sind vor allem Milch und Milchprodukte, zum Beispiel Kakao, Käse, Jogurt oder Quark. Als Ergänzung dazu sollten aber auch Getreideprodukte wie Brot oder Müsli auf den Tisch. Eigentlich sollte man fünfmal am Tag Obst oder Gemüse essen, also fängt man damit am besten gleich morgens an. Äpfel oder Bananen sind ideal. Und wer das noch mit ein wenig Gemüse, also Tomaten, Gurken oder Möhren ergänzen kann, hat nun wirklich das optimale Frühstück. Das füllt den leeren Energiespeicher wieder auf und macht fit für den Tag.
Reporter: Na dann wünsche ich Ihnen einen schönen Tag!
Frau Schelling: Danke, Ihnen auch!

Sammler ➔ KB 12/1

Hanno: Ich sammle schon lange Briefmarken. Von den Briefen und Karten, die ich bekomme, löse ich die Marke ab und dann kommt sie in meine Sammlung. Ich habe Briefmarken aus der ganzen Welt! Auch meine Verwandten und Freunde sammeln für mich, das ist dann immer echt toll, wenn sie mir neue Marken mitbringen!

Markus: Fotos von Sportwagen sind meine Leidenschaft! Ich fotografiere sie selbst, bekomme Fotos von Freunden oder schneide sie aus Zeitschriften aus. Meine Sammlung ist schon echt groß: Ich habe bis jetzt 279 Fotos, die habe ich alle in einem Album sortiert. Nach Automarken, logisch …

Tamara: Ich sammle schon ganz lange Ansichtskarten. Meine Freunde, meine Tanten, Onkel und alle meine Verwandten schreiben mir immer, wenn sie irgendwo in Urlaub sind. Ich habe schon sehr viele: ca. 600. Besonders toll finde ich immer die Karten von Tante Hanna: Sie hat mir zum Beispiel eine von der Chinesischen Mauer geschickt …

Anja: Meine Leidenschaft ist das Sammeln von Zuckerwürfeln! Immer, wenn ich in einem Café sitze, nehme ich den Zucker mit. Auf den Würfeln oder Zuckersäckchen stehen oft Sprichwörter, Horoskope oder einfach nur Werbung für ein Café oder irgendein Produkt. Vor allem die mit den Autos finde ich schön.

2 39 Ein Radiointerview mit Stefan ➲ KB 12/3

Moderatorin: Herzlich willkommen bei Radio Welle 3, zu Gast im Studio ist heute Stefan. Hallo Stefan, wie geht's?
Stefan: Gut, danke …
Moderatorin: Stefan, du bist heute hier, weil du eine ganz besondere Leidenschaft hast: Du sammelst Bananenaufkleber... Ich habe das noch nie gehört, aber meine Tochter hat mir den Artikel in eurer Schülerzeitung gezeigt …
Stefan: Ja, der Artikel von Christine … seitdem sprechen mich viele an …
Moderatorin: Ja, der hat auch mich neugierig gemacht … Du sammelst also die Aufkleber, die auf den Bananen kleben, richtig?
Stefan: Ja, das ist richtig.
Moderatorin: Und wie viele hast du da schon?
Stefan: Also, im Moment sind das 255 Aufkleber. Stopp, nein eigentlich sind's schon 256.
Moderatorin: Warum das?
Stefan: Weil mir Marco aus der 10 a gestern einen geschenkt hat. Den hatte ich noch nicht …
Moderatorin: 256, wirklich einmalig … Wann hast du denn mit dem Sammeln angefangen?
Stefan: Ich war damals … acht … ja, mit acht Jahren, glaub' ich ...
Moderatorin: Was sagen denn deine Eltern zu deiner Sammelleidenschaft?
Stefan: Ach, meine Eltern finden das witzig, und sie helfen mir dabei: Mein Vater bringt mir manchmal einen Aufkleber aus Brasilien oder Mexiko mit. Er reist viel, weil er Informatikspezialist ist. Und weil er auch gern Bananen isst, bringt er mir dann die Aufkleber mit.
Moderatorin: Aha, interessant. Du möchtest ins Guinnessbuch der Rekorde, habe ich gehört …
Stefan: Ja, das ist mein Traum, … mal sehen …
Moderatorin: So, liebe Hörerinnen und Hörer, die Zeit ist um: Helfen Sie mit und schicken Sie an Radio Welle 3 alle Bananenaufkleber, die Sie zu Hause haben. Warum? Weil wir alle Stefan bald im Guinnessbuch der Rekorde sehen wollen … Und jetzt geht es bei uns weiter mit Musik …

Jugendliche und ihre Glücksbringer ➲ KB 12/9 2 40

Reporter: Janina, hast du einen Glücksbringer?
Janina: Einen Glücksbringer? Ja, klar! Ich habe meinen kleinen Teddybär immer bei mir. Beim Volleyballspielen, bei einem Match zum Beispiel kommt er immer mit.
Reporter: Und warum hast du den dabei?
Janina: Weil der Teddy mir eigentlich immer hilft. Ich habe nämlich manchmal ein bisschen Angst vor einem wichtigen Spiel.

Reporter: Daniel, hast du denn einen Glücksbringer?
Daniel: Ja, klar habe ich einen Glücksbringer! Mein Hufeisen. Es hängt bei mir im Zimmer.
Reporter: Warum denn ein Hufeisen?
Daniel: Weil das Hufeisen ein Geschenk von meinem Opa ist und ich ihn sehr mag. Er hat es mir zu meinem 10. Geburtstag geschenkt und seitdem hängt es da.

Reporter: Und du, Benedikt, hast du einen Glücksbringer?
Benedikt: Ja, mein Schlüsselband ist mein Glücksbringer.
Reporter: Dein Schlüsselband?
Benedikt: Ja, das trage ich immer in meiner Hosentasche.
Reporter: Und was ist das Besondere daran?
Benedikt: Na, das ist das Band von meiner Fußballmannschaft.

Reporter: Lara, und du? Hast du einen Glücksbringer?
Lara: Na ja, Glücksbringer … nicht direkt … also … ein T-Shirt. Ich habe ein T-Shirt. Das bringt mir Glück.
Reporter: Ein T-Shirt?
Lara: Ja, es ist rot und schon ein paar Jahre alt.
Reporter: Und warum bringt dir das Glück?
Lara: Weil ich mit dem T-Shirt immer gute Noten bekomme!

Im Radio ➲ KB, Fertigkeitstraining 1/1 2 43

Und nun zu den Ergebnissen der Bundesliga am 22. Spieltag:

VfL Bochum – SC Freiburg	3:1
Hannover 96 – Werder Bremen	1:4
VfL Wolfsburg – Hansa Rostock	4:0
Bayern München – Borussia Dortmund	5:0
FSV Mainz 05 – Arminia Bielefeld	0:0
Hamburger SV – FC Kaiserslautern	2:1
FC Nürnberg – Bayer Leverkusen	2:4
Borussia Mönchengladbach – FC Schalke 04	3:0
VfB Stuttgart – Hertha BSC	2:0

Auf dem Anrufbeantworter ➔ KB, Fertigkeitstraining 1/2

Hi, Nicki, hier ist Jörg. Morgen habe ich keine Zeit. Gleich nach der Schule gehe ich zu meinem Opa. Um zwei fängt mein Fußballtraining an, danach esse ich mit Jule Pizza und um Viertel nach sechs habe ich Gitarrenunterricht. Bin erst um acht zu Hause und schreibe dir dann eine E-Mail, okay? Ciao!

Eine Ansage ➔ KB, Fertigkeitstraining 2/1

Liebe Kunden! Heute bei uns im Sonderangebot:

bunte T-Shirts – nur 5 Euro! Klassische Jeans – ein Paar nur 29,99 Euro finden sie bei „Topjeans" im 2. Stock.

Brauchen Sie einen Jogginganzug? Heute bei „Aktiv" im 3. Stock – nur 35 Euro.

Für alte und junge Musikfans haben wir heute etwas ganz Besonderes: CDs für nur 15 Euro, nur bei „Musikland" im Erdgeschoss.

Computerprogramme und CD-Roms gibt's im Sonderangebot nur bis Samstag.

Und nach dem Einkaufsbummel wartet auf Sie in unserem Mini-Restaurant im 4. Stock ein Käse-Schinken-Toast für nur 1,50 Euro.

Das gibt es nur bei uns! Kommen Sie und genießen Sie unsere Angebote! Montag bis Freitag von 9.30 bis 20 Uhr und am Samstag von 9.00 bis 18.00 Uhr.

Cliquen und Freunde ➔ KB, Fertigkeitstraining 2/2

1.

Junge 1: Ich bin Marco und das ist meine Clique.

alle: Hallo! Hi!

Junge 1: Wir gehen mindestens zweimal in der Woche in die Salsa-Bar, das macht uns Riesenspaß.

Junge 2: Ja, genau. Wir tanzen aber nicht nur Salsa. Auch Tango, Walzer oder Rock and Roll gehen uns direkt in die Beine.

Mädchen: Es ist so schön, zu zweit zu tanzen ...

Junge 1: Deshalb ist die normale Disko für unsere Clique auch out. Dort tanzt jeder nur für sich alleine und immer die laute Musik ... Man kann sich dabei gar nicht richtig unterhalten.

Mädchen: Genau. Wir unterhalten uns mit dem Partner. Und das ist viel schöner.

2.

Junge 1: Hi, mein Name ist Peter. Alle sagen, dass ich ein lustiger Typ bin.

alle: Stimmt auch! Hey! Genau!

Junge 1: Schon gut! Wir, das sind Hanna, Georg, Alexandra und ich, lachen extrem gern. Jeden Freitagabend treffen wir uns und dann erzählen wir uns Witze und so, manchmal stundenlang.

Junge 2: Ja, kennst du den schon: Also Fritzchen geht zu seiner Mutter ...

Junge 3: Wir lachen und lachen und verbringen einfach eine schöne Zeit zusammen. Das ist doch gesund!

Mädchen: Manchmal machen wir auch einen Wettbewerb, wer die lustigste Geschichte erzählen kann. Wer verliert, muss etwas Witziges machen.

Junge 3: Natürlich sehen wir uns auch gerne mal Komödien an oder lesen lustige Comics – Hauptsache es ist lustig.

Junge 1: Wir haben nämlich gehört, dass Lachen eine Art Gymnastik ist. So halten wir uns fit.

3.

Mädchen 1: Ich heiße Beata und das sind meine Freundinnen: Elke, Ursula und Agnes.

alle: Hi! Hallo!

Mädchen 1: Unser Motto ist schlank sein und dabei etwas für die Gesundheit tun. Und das geht ganz einfach mit gesunder Ernährung.

Mädchen 2: Genau, Fastfood nehmen wir einfach nicht in den Mund. Das macht eh nur dick und schlapp.

Mädchen 1: Und schmeckt uns auch gar nicht. Obst und Gemüse sind gut für unseren Körper und machen schlank.

alle: Genau! Stimmt!

Mädchen 3: Tipps und Ideen zur gesunden Ernährung suchen wir in Zeitschriften und im Internet. Da findet man tolle Sachen.

Mädchen 4: Ja, wir haben schon jede Menge interessante und gesunde Kochrezepte aus aller Welt gesammelt.

Mädchen 3: Stimmt! Und einmal im Monat treffen wir uns dann und kochen etwas Leckeres. Probleme mit dem Essen haben wir nicht. Wir wissen, dass gesundes Essen fit und schlank macht.

Lösungsschlüssel zum Kursbuch

KB Lektion 1

1 Situation 1 – Foto B; Situation 2 – Foto C; Situation 3 – Foto A

6 Name: Max; Familienname: Parker; Computerplatz: Nummer 3; Passwort: CL 17

10 b Familienname: Briegel; Alter: 25; Land: Deutschland; Beruf: Sängerin

11 Name: Luca; Alter: 13; Wohnort: Aachen; Hobby: Gitarre, Tennis, Computerspiele

13 a 1. Judit; 2. Markus; 3. Tobias; 4. Emma

13 b Alter: Judit – 14, Markus – 15, Tobias – 15, Emma – 14; Wohnort: Judit – Deutschland, Markus – München, Tobias – München, Emma – München; Hobbys: Judit – Musik, Markus – Fußball, Tobias – Mathematik und Literatur, Emma – Musik und Sport

13 c *Zum Beispiel:* Das ist Judit. Sie ist 14 Jahre alt und wohnt in Deutschland. Sie spielt Gitarre.;
Das ist Markus. Er ist 15 Jahre alt und wohnt in München. Er mag Fußball.;
Das ist Tobias. Er ist 15 Jahre alt und wohnt in München. Er mag Mathematik und Literatur.;
Das ist Emma. Sie ist 14 Jahre alt und wohnt in München. Sie mag Musik und Sport.

15 c 1. Auf Wiedersehen! 2. Hallo, Jan! 3. Wie geht's? 4. Super! 5. Wie bitte? 6. Die Party ist cool!

KB Lektion 2

1 a 1. Klassenzimmer; 2. Computerraum; 3. Mensa; 4. Chemielabor; 5. Theatergruppe; 6. Fußballplatz

1 b Dialog 1 – Foto 6; Dialog 2 – Foto 4; Dialog 3 – Foto 2; Dialog 4 – Foto 3; Dialog 5 – Foto 1; zu Foto 5 gibt es keinen Dialog

5 a Foto 2: Chemielabor

7 a Donnerstag

7 b Mathematik, Geschichte, Sport, Physik, Geografie, Musik

10 a Oli rechnet. Bea tanzt. Leon spielt Theater. Jutta trinkt Kakao. Christoph macht ein Experiment. Verena malt. Luca hört Musik. Sandra singt. Maurits turnt. Franzi schreibt. Tim lernt Vokabeln. Antje zeichnet.

11 a kurz: turnen, singen, rechnen, lernen, tanzen, Mittwoch, Donnerstag, Samstag, Sonntag
lang: malen, spielen, hören, Montag, Dienstag, Freitag

11 b Turnen / Singen / Rechnen / Lernen / Tanzen ist toll.
Mittwoch / Donnerstag / Samstag / Sonntag ist toll.
Malen / Spielen / Hören ist cool.
Montag / Dienstag / Freitag ist cool.

13 Sylvie: Reihe 4, Platz 20; Frank: Reihe 5, Platz 17; Lena: Reihe 7, Platz 19

15 Wie alt bist du?; Wo wohnst du?; Woher kommst du?; Was ist dein Hobby?; Was machst du gern?

17 1. Schultheater; 2. Schulband; 3. Fußballmannschaft; 4. Kunst-Atelier

KB Lektion 3

1 a Situation 1 – F; Situation 2 – A; Situation 3 – G; Situation 4 – E; Situation 5 – B; Situation 6 – D; Situation 7 – C

1 b Foto F ist Stefans Klassenkameradin Anna. Foto A ist Stefans Großvater. Foto G ist Stefans Klassenkamerad / Freund Jochen. Foto B ist Stefans Mutter. Foto D ist Stefans Schwester Lisa. Foto C ist Stefans Freund Tobias.

2 richtig: 1., 2., 4., 6., 8.; falsch: 3., 5., 7.

3 Julia: 14 Jahre; Popmusik aus Italien; Italienisch; Einzelkind; Bochum; julia.manner@gmx.de
Moni: 13 Jahre; Popmusik aus Italien; Italienisch; Japanisch; Meine Familie ist groß.; drei Geschwister: zwei Brüder, eine Schwester; Düsseldorf

5 A; C; E; G; B; F; D; H

11 a Jule spricht mit Frau Lorenz von der Kleinen Zeitung.

11 b Jule möchte nicht, dass Frau Lorenz *Sie* zu ihr sagt.

12 b Frau Weiß zu Jule: Wie alt bist du jetzt?
Opa zu Frau Weiß: Meine Enkelin ist schon 14!
Mutter zu Herr Weiß: Wie geht es Ihnen?
Opa zu allen: Meine Familie, meine Freunde! Ich bin heute 70!
Jule zu Opa: Alles Gute zum Geburtstag, Opa!
Vater zu Opa: Alles Gute und viel Gesundheit, Papa!
Vater zu Herrn Weiß: Möchten Sie noch Kaffee?
Mutter zu Jule: Möchtest du noch ein Stück Torte?
Mutter zu Jule: Wo ist denn dein Hund?

14 a Taschenrechner, Landkarte, Fahrrad, Wörterbuch, Sporttasche, Geldbeutel

14 b Bei zusammengesetzten Nomen betonen wir immer das erste Wort.

KB Lektion 4

2 Der Jogginganzug / die Mütze / der Schal / das Hemd / die Sporttasche ist im Umkleideraum. Die Turnschuhe / die Handschuhe sind im Umkleideraum.
Der Pullover / der Rock / das Top / das T-Shirt / die Kette / das Kleid / der Rucksack ist in Katis Zimmer. Die Jeans / die Socken sind in Katis Zimmer.

3 Der Pullover ist rosa. Der Jogginganzug ist rot und weiß. Der Rucksack ist schwarz. Der Rock ist bunt. Der Schal ist schwarz und grau.
Das Kleid ist blau. Das T-Shirt ist blau und weiß.
Das Top ist rot. Die Mütze ist gelb.
Die Sporttasche ist blau. Die Turnschuhe sind weiß und grau. Die Jeans sind blau. Die Socken sind rosa. Die Handschuhe sind orange.

4 a Im Kleiderschrank
... ist eine Mütze. Die Mütze ist rot.
... ist ein Schal. Der Schal ist grün und rot.
... sind zwei Röcke. Die Röcke sind lila und orange.
... sind fünf T-Shirts. Die T-Shirts sind orange, gelb, grün, grau und weiß.
... sind zwei Jeans. Die Jeans sind blau.
... sind Turnschuhe. Die Turnschuhe sind rot.
... ist ein Ball. Der Ball ist orange.
... ist ein Rucksack. Der Rucksack ist grün.
... sind Strümpfe. Die Strümpfe sind braun, grün und rosa.
... ist ein Clown. Der Clown ist bunt.
... ist eine Katze. Die Katze ist schwarz.

5 a Anne: (rosa) Rock; Sven: (schwarze) Mütze; Moritz: Jeans und T-Shirt; Steffi: (rot und orange gestreifte) Strümpfe

6

Name	Haare	Augen	Figur	Kleidung
Jenny	lang, blond	blau	groß, schlank	schick
Tim	dunkel	dunkel	-	T-Shirt originell, Mütze witzig
Alexandra	kurz oder halblang, rot	braun	nicht groß	modisch

7

Name	Alter	Wohnort	Hobby	Idol
Jenny	16	München	singen, tanzen	Shakira
Tim	18	Stuttgart	Quatsch machen	Robby Williams
Alexandra	17	Leipzig	Theater spielen	Franka Potente

11 a 1. klettern; 2. Filme sehen; 3. Torte essen; 4. Schi laufen; 5. Fahrrad fahren; 6. Inliner fahren; 7. schlafen; 8. singen; 9. lesen

11 b lesen; singen; Schi laufen; Fahrrad fahren

11 c Bea mag Fantasyromane. Sie liest am 3. April eine Nacht lang.
Hannes singt im Schulchor. Beim Sing-Marathon singt er 20 Stunden lang.
Melle läuft schon 12 Jahre Schi. Sie läuft für einen neuen Rekord 150 Stunden Schi.
Urs fährt rückwärts Fahrrad. Er fährt 30 km pro Stunde.

12 a 1. Comics zeichnen, Comics sammeln; 2. sechs Sprachen sprechen, neue Sprachen lernen, viel reisen, exotische Länder; 3. jeden Tag Eis essen, Schokolade, Zitrone, extra große Portion

14 a drei: zwei, frei; vier: hier; ein: mein, kein, allein; sie: wie, Biologie

14 b Mein Kleid ist weiß
Ich esse Eis
Mein und dein
Groß und klein
Drei und vier
Sie ist hier
Eins, zwei, drei
Du bist frei!

KB Lektion 5

1 a 1. - C (Mexiko); 2. - D (Brasilien); 3. - A (Deutschland); 4. - B (Indien); 5. - E (China); 6. - F (Australien)

1 b Mexico City: Es ist 6 Uhr.; Rio de Janeiro: Es ist 9 Uhr.; Berlin: Es ist 13 Uhr.; Delhi: Es ist 17.30 Uhr.; Peking: Es ist 20 Uhr.; Sydney: Es ist 22 Uhr.

2 a 6 Uhr 20 - zwanzig nach sechs; 12 Uhr 45 - Viertel vor eins; 14 Uhr 55 - fünf vor drei; 18 Uhr 15 - Viertel nach sechs; 21 Uhr 30 - halb zehn

2 b 1. 11:45; 2. 11:45; 3. 22:30; 4. 22:30; 1 und 3 sind Zeitangaben, 2 und 4 sind Alltagssituationen.

4 a aufstehen, anfangen, zu Mittag essen, zu Abend essen, Hausaufgaben, Schulschluss

4 b 7:30 aufstehen; 9:00 Schule fängt an; 11:30 Mittagessen (in der Schule), drei Stunden Unterricht; 15:00 Schulschluss, Hausaufgaben machen, Sport, Hobbys; 17:00 Abendessen (warm); 21:00 Abendbrot

7 a Situation 1 - Foto D; Situation 2 - Foto A; Situation 3 - Foto C; Situation 4 - Foto B

7 b Situation 1 - 6.20 Uhr; Situation 2 - 19 Uhr, 19 Uhr 30, 21 Uhr 30; Situation 3 - 13 Uhr; Situation 4 - 9.50 Uhr

7 c Situation 1 - Morgen; Situation 2 - Abend; Situation 3 - Mittag; Situation 4 - Vormittag

8 a 1. Morgen / Vormittag; 2. Morgen; 3. Abend / Nacht; 4. Mittag / Abend; 5. Nachmittag; 6. Abend

8 b Am Morgen steht Hannah nicht auf. Hannah steht am Morgen nicht auf.

Am Vormittag fährt Alex Inliner. Alex fährt am Vormittag Inliner.
Am Mittag sitzt Nicki im Restaurant. Nicki sitzt am Mittag im Restaurant.
Am Nachmittag lernt Greta Chemie. Greta lernt am Nachmittag Chemie.
Am Abend kommt Lisa spät nach Hause. Lisa kommt am Abend spät nach Hause.
In der Nacht schläft Tobias fest. Tobias schläft in der Nacht fest.

9 a

Laura	Li	Sonia
ausschlafen zu Hause bleiben Clique treffen quatschen Musik hören Radio hören	Samstag: Schule Sonntag: frei früh aufstehen viel lernen Onkel und Tanten treffen Ausflug machen	um 10 aufstehen in die Kirche gehen mit der Familie zusammen sein essen und sprechen Freunde nicht treffen

13 Montag: Ballett; Dienstag: Nachmittagsschule; Mittwoch: Gitarrenunterricht, Basketballtraining; Donnerstag: Chor; Freitag: frei

14 *Zum Beispiel:* Ich male ein Bild. Ich esse ein Eis / einen Kuchen. Ich spiele ein Computerspiel. Ich backe einen Kuchen. Ich kaufe ein Eis / eine Kette / eine CD / ein Geschenk. Ich lerne Vokabeln. Ich singe ein Lied. Ich mache Hausaufgaben / eine Party / einen Ausflug. Ich schreibe einen Brief. Ich treffe eine Freundin.

15 a 1. in der Gitarrenstunde; 2. auf einer Party; 3. im Park

15 b 1. … keine Gitarre.; 2. … keinen Tisch und keinen Stuhl.; 3. … kein Geschenk.; 4. … keinen Kuchen.; 5. … keine Schuhe.; 6. … keinen Ball.

15 c *Zum Beispiel:* Er schreibt eine E-Mail, aber er hat keinen Computer. Er hat Schule, aber er hat keinen Stundenplan. Er möchte lesen, aber er hat kein Buch. Er geht zum Fußballspiel, aber er hat keine Karte. Er möchte Musik hören, aber er hat keine CD. Er telefoniert, aber er hat kein Handy.

KB Lektion 6

1 Foto A – SMS 5; Foto B – SMS 1; Foto C – SMS 2; Foto D – SMS 4; zur SMS 3 gibt es kein Foto.

2 a Sky Captain: Super-Spannung; Mission Kleopatra: Lachattacke; Barfuß: Lachattacke, Mega-Romantik, Zum Träumen

2 b Der Film „Sky Captain" startet am 5.8. um 18 und um 21 Uhr.
Der Film „Mission Kleopatra" startet am 5.8. um 20.30 Uhr.
Der Film „Barfuß" startet am 5.8. um 18 Uhr.

3
- Hallo Lisa, gehen wir am Samstag ins Kino?
- Ja, gute Idee! Was läuft denn?
- Am Donnerstag starten drei neue Filme.
- Wie heißen die Filme?
- „Sky Captain", „Mission Kleopatra" und „Barfuß".
- Wie ist denn „Barfuß"?
- Eine Liebeskomödie – echt witzig!
- Oh, super! Wann treffen wir uns?
- Um halb sechs im Fox?
- Okay, alles klar. Um 17 Uhr 30 im Fox.

4 1. Am 5.2. um 14.30 Uhr ist Karin zu Hause. Sie macht die Hausaufgaben.
2. Aber sie denkt immer nur an Christoph …
3. Um 14.45 Uhr klingelt plötzlich das Telefon.
4. Wie ein Blitz springt Karin auf und in fünf Sekunden ist sie am Telefon.
5. Karin wartet einen Moment, dann nimmt sie den Hörer ab.
6. Ach, es ist nur Oma …

5 a ja

5 b am 13.2. um Viertel nach drei im Eisstadion

7 a Till hat Probleme mit seinen Eltern.

7 b Till muss Hausaufgaben machen. Er muss das Zimmer aufräumen. Er muss (dienstags) das Terrarium putzen. Er muss (samstags) Papas Auto waschen. Er muss pünktlich sein.
Till darf abends nicht ausgehen. Er darf nicht Moped fahren. Er darf nicht spät schlafen gehen. Er darf nicht rauchen.
Till darf für 20 Euro im Monat telefonieren.
Er darf eine Geburtstagsparty machen.
Er darf Freunde einladen. Er darf im Internet surfen.
Er darf Mofa fahren.

8 Kinder dürfen nicht Mofa fahren / nicht Moped fahren / nicht rauchen.
Kinder dürfen bis 20 Uhr ins Kino gehen.
Kinder dürfen nur mit Erwachsenen in die Disko / ins Restaurant gehen.
Jugendliche dürfen ab 15 Jahren Mofa fahren.
Jugendliche von 14 bis 16 dürfen nicht Moped fahren / rauchen.
Jugendliche von 14 bis 16 dürfen bis 22 Uhr ins Kino gehen.
Jugendliche von 14 bis 16 dürfen nur mit Erwachsenen in die Disko / ins Restaurant gehen.
Jugendliche von 16 bis 18 dürfen Mofa fahren / Moped fahren / rauchen.

Jugendliche von 16 bis 18 dürfen bis 24 Uhr ins Kino / in die Disko / ins Restaurant gehen.

9 Man hört die Aussagen 1., 3., 6., 8., 9., 10. und 11.

12 Wann? – am 1.5. um 15 Uhr
Wo? – in Linz, Donauweg 23
Essen? – Eis, Eistorte, Toast, Kuchen
Trinken? – Cola, Orangensaft, Milchshake, Mineralwasser, Eiskaffee
Spaß? – Musik hören, Freunde treffen, quatschen, im Internet surfen

14 Pablo: 10, 11, 6; Laura: 8; Kellnerin: 1, 7, 9, 5, 4, 2, 3

KB Lektion 7

1 b Sommer: Juni, Juli, August; Herbst: September, Oktober, November;
Winter: Dezember, Januar, Februar; Frühling: März, April, Mai

2 a Das Gymnasium wird am 15. April 50 Jahre alt.

2 b Sie können Familie und Freunde einladen.
Sie können eine Schulchronik schreiben.
Der Schulchor kann ein Konzert geben.
Sie können am Abend eine Party machen.
Sie können eine Fotoausstellung organisieren.
Die Theatergruppe kann ein Theaterstück aufführen. Der Schuldirektor kann eine Rede halten.

4 Wir feiern am <u>15. April</u> das 50. Schuljubiläum. Ich möchte dich zum Schulfest einladen. Das Programm beginnt um <u>14 Uhr</u>: Die Klasse 9b macht eine <u>Fotoausstellung</u> und die Klasse <u>8c</u> organisiert ein Wiener Kaffeehaus. Um <u>16 Uhr</u> spielt Klasse 7a gegen Klasse 7b Fußball. Um 17 Uhr gibt der <u>Schulchor</u> ein Konzert und um 18 Uhr führt die <u>Theatergruppe</u> ein Theaterstück auf. Am Abend ist eine <u>Abschlussparty (mit Tombola)</u>.

5 a 1. einen Freund (Martin); eine Freundin (Nina); Tante und Onkel (Tante Ingrid und Onkel Paul)
2. Martin kann kommen; Nina kann nicht kommen; Tante Ingrid muss noch Onkel Paul fragen.

5 b Du möchtest jemanden einladen: 6, 7, 3
Du möchtest die Einladung annehmen: 2, 5, 8
Du kannst nicht kommen: 1, 4

8 a Teller und Tassen mitbringen, ein Plakat malen, Getränke kaufen, einen Apfelstrudel backen, Klavier spielen, aufräumen

8 b Ayshe, **mal** bitte ein <u>Plakat</u>! Sandra, **back** einen <u>Apfelstrudel</u>! Stefanie, **bring** einen <u>Kuchen</u> **mit**! Leo, **spiel** bitte <u>Klavier</u>! Verena und Ulli, **bringt** bitte <u>Teller und Tassen</u> **mit**! Till und Uwe, **kauft** bitte <u>Kaffee, Milch und Zucker</u>!

9 a Stefanie möchte ein Rezept für das Wiener Kaffeehaus. Sie muss einen Kuchen mitbringen.

9 b Stefanie bekommt das Rezept von der Sachertorte. Das ist eine Wiener Spezialität.

9 c Rezept 1 – Foto E; Rezept 2 – Foto D; Rezept 3 – Foto A; Rezept 4 – Foto G; Rezept 5 – Foto B; Rezept 6 – Foto C; Rezept 7 – Foto F

11 *Zum Beispiel:* David zieht den Anzug, das Hemd und die Krawatte an.; Monika zieht das Kostüm und die Perücke an.; Philipp zieht das T-Shirt, die Jeans, und das Stirnband an.; Svenja zieht den Rock, die Bluse und die Schürze an.

12 a Situation 1 – Foto B; Situation 2 – Foto A; Situation 3 – Foto D; Situation 4 – Foto C

12 b Die Schauspielerin sucht die Perücke.; Die Klasse 7b gewinnt das Fußballspiel.; Oliver probiert die Sachertorte.; Die Schülerin kontrolliert die Eintrittskarte.

14

Dialog	1	2	3	4
Satz	2, 6	7, 1	8, 4	5, 3

15 b Wörter mit dem Ich-Laut: Mi<u>ch</u>a, Mil<u>ch</u>schokolade, Bü<u>ch</u>er, Mäpp<u>ch</u>en, Zei<u>ch</u>enblock, mö<u>ch</u>te, Taschenre<u>ch</u>ner, hoffentli<u>ch</u>, i<u>ch</u>, ni<u>ch</u>t
Wörter mit dem Ach-Laut: Sa<u>ch</u>en, Ku<u>ch</u>en, no<u>ch</u>

15 c Nach *a, o, u, au* sprechen wir den Ach-Laut. Nach *i, e, ö, ü, ei*, nach Konsonanten und in *-chen* sprechen wir den Ich-Laut

KB Lektion 8

1 a Erika: die Tasche; Stella: das Skateboard; Gabriel: das T-Shirt; Mark: die Turnschuhe

2 a Situation 1 – Geldbeutel A (3 Euro); Situation 2 – Geldbeutel E (5 Euro); Situation 3 – Geldbeutel D (10 Euro); Situation 4 – Geldbeutel C (8 Euro)

2 b

Unterhaltung	Kino, Eiscafé
Klamotten	T-Shirts, Jeans
Musik, Film	DVD, CD
Lektüre	Bücher, Zeitschriften (Bravo, Mädchen)
Sport	Karte für Fußballspiel

3 a

Unterhaltung	DVD-Brettspiel, Puzzleball, Playstation-Spiel
Klamotten	Sonnenbrille, Top, Kette
Musik, Film	MP3-Player
Lektüre	Herr der Ringe
Sport	Skateboard, Fußball-Trikot, Basketballschuhe

4 65%: Klamotten; 25%: DVD, CD; 23%: Telefonieren, SMS; 13%: Bücher, Zeitschriften; 11%: Kosmetikartikel

6 a Foto 1 – SMS E; Foto 2 – SMS A; Foto 3 – SMS C; Foto 4 – SMS B

6 b Sie kauft die Bluse für Mama zum Geburtstag.

7 a
- ● Wir haben viele Modelle. Wie viel möchten Sie denn ausgeben?
- ○ So 60 Euro circa.
- ● Guck mal, das hier ist toll!
- ○ Aber 120 Euro, das ist mir zu teuer, Andreas! Wie findest du das hier?
- ● Ja, echt super! Das gefällt mir!
- ○ Wir haben hier noch eins: Das hat eine Kamera! Du kannst Fotos machen und MMS verschicken.
- ● Eine Kamera? Du willst doch telefonieren! Das finde ich zu kompliziert!
- ○ Aber sehen Sie! Das Handy mit Kamera ist sehr praktisch und es kostet nicht viel!
- ● Na gut, dir gefällt es ja auch, Andreas. Das nehmen wir!
- ○ Sehr gute Wahl! Das macht also 79,90.

10 b

Situation	Was kaufen sie?	Wo?
1	Rock	bei „Flipps" im 4. Stock
2	Sonnenbrille	bei „Sport & Spaß" im 1. Stock links
3	Buch	bei „Music Mayer" im 5. Stock rechts
4	T-Shirt	bei „Deine Mode" im 3. Stock links

KB Lektion 9

1 a Ich wohne auf dem Land in einem Einfamilienhaus mit Garten.
Mein Lieblingsplatz ist der Fitnessraum im Keller.

2 Frage 1 – d, g; Frage 2 – a, e; Frage 3 – c, f; Frage 4 – b, h

3 a Carolin wohnt auf einem Bauernhof in einem Dorf.; Bojan wohnt in einem Reihenhaus am Stadtrand.; Nesrin wohnt in einer Wohnung im Stadtzentrum.

3 b

Wer?	Carolin	Bojan	Nesrin
Wo?	auf einem Bauernhof in einem Dorf	in einem Reihenhaus am Stadtrand	in einer Wohnung im Stadtzentrum
Eigenes Zimmer?	nein	ja	ja
Das findet er / sie gut:	liegt an einem Fluss	Nachbarn sind nett; Haus liegt direkt am Wald; viel Platz; eigenes Zimmer	die Zimmer sind groß und hoch; im Zentrum ist immer was los (Schule, Geschäfte in der Nähe)
Das findet er / sie nicht gut:	sehr früh aufstehen, Schulweg ist weit	zu ruhig, vermisst die Freunde (aus dem Hochhaus)	Zimmer hat zwei Türen (alle gehen durch)

5 Bild 1 – Waldweg 7, 71672 Marbach; Bild 2 – Etruskerweg 3, 4. Stock; Bild 3 – Schillerstraße 54

6 a der Schreibtisch, das Fenster, der Kleiderschrank, das Bücherregal, das Bett, die Lampe, der Computer, der CD-Player, die Fahne, die Tür, das Foto, das Terrarium

7 a Foto A – Mein Arbeitsplatz; Foto B – Meine Tür; Foto C – Mein Lieblingsplatz

7 b Text 1 – Foto C; Text 2 – Foto A

8 a Hängt das Poster an der Tür? – Nein, es hängt an der Wand.
Steht der Schreibtisch in der Ecke? – Nein, er steht am Fenster.
Liegt der Hund unter dem Bett? – Nein, er liegt vor dem Bett.
Liegt der Rucksack auf dem Schreibtisch? – Nein, er liegt unter dem Schreibtisch.

9

Sport	skaten, Ball spielen, Billard spielen
Kreatives	malen, tanzen, Hip-Hop-Kurse
Lernen	Hilfe bei den Schulaufgaben
Unterhaltung	quatschen, Internetcafé, Disco

10 a Saskia: Billard-Raum; Andrea: Internet-Café / Hip-Hop-Kurs; Eddi: Musikraum; Dominik: Skaterpark

10 b Billard spielen, die Clique treffen, Französisch lernen, Basketball spielen, mit dem Skateboard trainieren, im Internet surfen, mit der Band üben, Schlagzeug spielen, in der Halfpipe Figuren machen, den Hip-Hop-Kurs besuchen, ein Konzert geben

10 c 2. Dominik; 3. Saskia; 4. Andrea; 5. Dominik; 6. Saskia; 7. Andrea; 8. Eddi; 9. Eddi; 10. Alle (Andrea, Eddi, Dominik und Saskia)

12 a 1. 5 Jahre.; 2. Sie braucht viel Zeit.; 3. Alle machen mit.; 4. Er organisiert das Sportprogramm.; 5. Geld und neue Kurse.

Im Team

A s Aquarium, s Aquarell
B s Bett, s Bild, s Bücherregal, s Buch
C e Couch, r Computer, e CD, r CD-Player
D e Decke, s Deutschbuch, e DVD
E s Englischbuch, e Ecke, r Eishockey-Schläger, r Elefant (Stofftier), r Engel (Glücksbringer)
F s Fenster, s Foto, r Fernseher
G e Gitarre, Glas-(-tiere, vase) r Globus, e Gardine
H s Handy, e Heizung, r Hocker, r Hamster
I s Internet, die Inliner, das Italien-Poster
J e Judo-Kleidung, s Jahrbuch, s Jugend-Lexikon
K e Kommode, s Kissen, r Kaktus, r Kalender
L e Lampe, r Liebesbrief, r Luftballon
M e Matratze, e Maus, r Malkasten
N r Nachttisch, e Nachttischlampe
O r Ofen, s Obst, e Oboe
P e Pflanze, s Poster, e Puppe, s Puzzle, e Pinnwand, Postkarten, r Papierkorb
Q s Quiz, e Querflöte, s Quadrat
R s Radio, s Regal, r Rucksack
S r Sessel, r Stuhl, r Spiegel, s Sofa, Stofftiere
T r Tisch, r Teppich, e Tür, r Teddy
U e Uhr, e Unordnung
V r Vorhang, e Vase, s Video
W e Wand, e Weltkarte, r Wecker
X s Xylophon
Y e Yoga-Matte,
Z e Zeitschrift, e Zimmerpflanze

KB Lektion 10

1 a Postkarte A – Foto 2; Postkarte B – Foto 1; Postkarte C – Foto 3

1 b Es gibt einen Klettergarten, einen Fluss, ein paar Häuser, drei Geschäfte, eine Kirche, eine alte Burg, Berge, Wälder und Wiesen.

2 a *Zum Beispiel:*
Sie können nach Österreich oder nach Deutschland / in eine Stadt oder in einen Nationalpark / an einen Fluss oder an einen See fahren.
Sie können im Winter, im Sommer, im Frühling oder im Herbst / im Mai, im Juni, im Juli ... fahren.
Sie können im Gasthaus oder im Jugendhotel / auf dem Bauernhof oder auf dem Campingplatz wohnen.
Sie können Sport machen / die Natur erleben / Kirchen, Burgen ... sehen.

2 b 1. Sie fahren in einen Nationalpark in Österreich.; 2. Sie wohnen auf einem Bauernhof.; 3. Sie fahren im Sommer / im Juni.; 4. Sie machen Rafting, sie wandern, sie klettern.

3 Sie möchten auf einem Bauernhof wohnen. ➔ Unterkunft
Sie kommen am 10. Juni an und sie bleiben 5 Nächte. ➔ Termine
Die Jugendlichen sind 14 Jahre alt. In der Gruppe sind zwei Lehrer und 27 Schüler (15 Jungen und 12 Mädchen). ➔ Gruppengröße
Sie brauchen 7 Vierbettzimmer und 2 Einzelzimmer. ➔ Zimmer
Sie möchten Frühstück, Mittagessen und Abendessen bekommen. ➔ Verpflegung
Besonders interessant finden sie den Geopark und Sportprogramme. ➔ Programm

4 Text A – Geopark: Erde – Steine – Höhlen;
Text B – Sport und Abenteuer;
Text C – Natur: Wasser – Wald – Berge

6 b Foto A: Wo sind unsere Rucksäcke? – Da stehen noch drei Rucksäcke!
Foto B: Das ist unser Zimmer! – Aber euer Schlüssel passt doch gar nicht!
Foto C: Euer Zimmer ist ja groß! Wollt ihr unser Zimmer sehen?

7 a Sie können eine Hängebrücke bauen und sie können einen Raftingkurs machen.

8 a
- ▶ Wo warst du denn?
- ▷ Ich war beim Rafting.
- ▶ Und, wie war's?
- ▷ Es war total cool, aber auch sehr nass.
- ▶ Ja, das sehe ich. Hattest du keine Regenjacke?
- ▷ Doch, und ich hatte auch Gummistiefel.
- ▶ Und deine Haare? Hattest du keinen Helm?
- ▷ Ich hatte auch einen Helm, aber der Fluss war echt wild.
- ▶ Ach ja? War es denn gefährlich?
- ▷ Nein, unser Trainer Rico war wirklich super.
- ▶ Na dann ist ja gut. Am Mittwoch habe ich auch Raftingkurs.
- ▷ Na dann viel Spaß!

9 Ich war klettern.
Ja, ich hatte auch viel Spaß.
Nein, mit Yvonne war es nicht gefährlich.
Nein, sie war nicht so hoch.
Unser Projekt war: eine Hängebrücke bauen.
Nein, (das war nicht schwierig,) aber das war sehr anstrengend.

10 a 1. S; 2. O; 3. U; 4. V; 5. E; 6. N; 7. I; 8. R (Lösungswort: Souvenir)

10 b *Zum Beispiel:* Die Schüler und Schülerinnen sind nach St. Gallen gefahren. Sie haben auf einem Bauernhof gewohnt. Nina ist ins Wasser gefallen. Alle haben gelacht.
Sie haben eine Hängebrücke gebaut. Sie haben abends Tischfußball gespielt und sie haben Postkarten und SMS geschrieben.
Sie haben Höhlen gesehen. Sie haben in St. Gallen Eis gegessen und sie haben Souvenirs gekauft. Sie sind sechs Stunden gewandert und sie sind früh schlafen gegangen. Sie haben ein Lagerfeuer gemacht und sie haben Grillwürstchen gegessen.

11 a Man hört die Sätze 2, 3, 6, 5, 8 und 10.

13 a Postkarte 1 – Ben schreibt an Stefan.; Postkarte 2 – Greta schreibt an Herbert.; Postkarte 3 – Felix schreibt an Bärbel.

13 c lang: den, dem, sehr, sehen, Greta
kurz: sechs, echt, schmeckt, lecker, Teller, klettern, Ben

KB Lektion 11

1 A – Couchpotatoe; B – Sportskanone; C – Sportmuffel; D – Faulpelz; E – Muskelpaket

3 a *Zum Beispiel:*
Viele Kinder sind zu dick / Jugendliche leben ungesund / Jugendliche und Übergewicht

3 b Kinder und Jugendliche ernähren sich ungesund / bewegen sich zu wenig / fühlen sich oft schlapp und kraftlos / sind zu dick.

6 a Monika: 7, 10; Herr Balmer: 1, 6, 9; Jochen: 10, 5; Marco: 3, 4; Frau Möller: 2, 8

6 b Monika hat dreimal in der Woche Schulsport. Sie geht einmal in der Woche joggen.; Herr Balmer geht zweimal in der Woche schwimmen. Er spielt samstags / einmal in der Woche Fußball.; Jochen fährt jeden Tag Fahrrad.; Marco hat fünfmal in der Woche Training.; Frau Möller macht jeden Tag Yoga. Sie macht oft ruhige Abende.

7 b der Fußballspieler Michael Ballack

8 a Brustschwimmen – die Brust; Fußball – der Fuß; Rückenschwimmen – der Rücken; Schach – der Kopf; Weitsprung – das Bein; Handball – die Hand

9 für Sport: 1, 3, 4, 6; gegen Sport: 2, 5, 7

10 a Fabio: Sport ist gut gegen Alltagsstress. Sport ist gesund. Durch Sport kann man besser denken.
Tabea: Sport ist zu anstrengend.

10 b Sport macht Spaß.; Sportfanatiker machen sich kaputt. ; Mir gefällt keine Sportart.; Sport ist langweilig.; Man kann sich verletzen.; Mir geht es auch ohne Sport gut.; Ich bin nicht sportlich.

11 a Tabea sagt, dass sie nur im Winter Sport macht.; Tabea denkt, dass sie gar nicht sportlich ist.; Fabio meint, dass Sport gut für den Alltag ist.; Tabea sagt, dass sie nach Sport oft Muskelkater hat.; Fabio glaubt, dass Sport ein gutes Hobby ist.; Fabio sagt, dass viele Freunde regelmäßig zum Training gehen.

13 a Ines: Heute frühstücke ich nicht. Ich muss los!; Lars: Frühstück? Nein, danke.; Jasmin: Nur wer fit isst, bleibt fit.; Franz: Ich habe einen Riesenhunger!

13 b Ines: Tee, Brötchen; Lars: Jogurt; Jasmin: eine große Schale Müsli mit Obst und Honig, ein Glas Orangensaft; Franz: Schinken, Eier, Brot, Nutellabrot, Banane

14 a Tipp A – Lars; Tipp B – Ines; Tipp C – Jasmin; Tipp D – Franz

14 b *Zum Beispiel:* Lars soll am Morgen Milch, Kakao, Obstsaft, Tee oder Wasser trinken. Er soll am Vormittag einen Snack / einen Jogurt, einen Müsliriegel oder eine Banane essen. Er soll nicht bis zum Mittagessen warten.; Ines soll nicht so hektisch frühstücken. Sie soll zehn Minuten früher aufstehen. Sie soll regelmäßig essen.; Franz soll nicht so viel Schinken und Wurst nehmen. Er soll mehr Milch oder Orangensaft trinken. Er soll nicht nur Brot essen.; Jasmin soll manchmal auch etwas Brot oder Milchprodukte nehmen.

15 Milch und Milchprodukte (Kakao, Käse, Jogurt, Quark), Brot, Müsli, Obst und Gemüse (Äpfel und Bananen, Tomaten, Gurken, Möhren)

KB Lektion 12

1 a Hanno – Foto A; Markus – Foto D; Tamara – Foto F; Anja – Foto B

2 a Wer?; Was?; Woher?; Warum?; Wie?

2 b 2. Wie?: Zeile 30–31; 3. Warum?: Zeile 27–29; 4. Woher?: Zeile 22–23; 5. Was?: Zeile 7–10

3 1. 256; 2. mit acht Jahren; 3. sein Vater, seine Mitschüler

4 *Zum Beispiel:* Woher kommst du? Wie alt bist du? Was sammelst du? Wie lange sammelst du schon? Wie viele Eisstiele hast du jetzt? Wie sind sie? Warum sammelst du Eisstiele? Wer hilft dir?

5 Stefan: 1, 3, 4, 5; Kay: 2, 6

6 Valli sammelt Telefonkarten, weil sie mit der ganzen Welt telefonieren möchte.
Julius sammelt Autogramme von Fußballern, weil er so die Spieler kennen lernt.
Erkan sammelt Steine, weil sie vielleicht einmal sehr wertvoll sind.

9 b Janina: Teddybär; Daniel: Hufeisen; Benedikt: Schlüsselband; Lara: rotes T-Shirt

9 c *Zum Beispiel:* Der Teddybär hilft ihr bei Volleyballspielen. Das Hufeisen ist ein Geschenk von Opa. Das Schlüsselband ist von Benedikts Fußballmannschaft. Mit dem T-Shirt bekommt sie immer gute Noten. Es gibt ihr Kraft.

10 Billy Reinas Glücksbringer ist seine Geburtskette, weil sie ihm (beim Spielen) Kraft gibt.; Tina Turners Glücksbringer sind Kristalle, weil sie ihr Energie schenken.; Bill Gilmans Glücksbringer ist ein vierblättriges Kleeblatt, weil er es beim ersten Konzert gefunden hat.; Orlando Blooms Glücksbringer ist ein Hund, weil er ihn gefunden hat.

12 Luana – Clique 3; Fanny – Clique 1; Franky – Clique 6

14 a *Zum Beispiel:* Luana kann man ein Kochbuch schenken, weil sie gern kocht. / ... kann man eine Tasche / ein Armband / eine Kette / einen Ring schenken, weil sie modisch ist. / ... kann man eine Sonnenbrille schenken, weil sie ihre Ferien in Rimini verbringt.
Fanny kann man eine Uhr schenken, weil sie immer unpünktlich ist. / ... kann man ein Computerspiel schenken, weil sie ein Computerfreak ist.
Franky kann man eine CD schenken, weil er musikalisch ist.

Fertigkeitstraining 1

Hören

1 a Fußball

1 b Freiburg, Hannover, Bremen, Wolfsburg, Rostock, München, Dortmund, Hamburg, Nürnberg, Stuttgart, Mainz (Der FC Schalke 04 spielt in Gelsenkirchen und Hertha BSC spielt in Berlin.)

2 a Jörg hat keine Zeit.

2 b Foto 4

Sprechen

2 a *Zum Beispiel:* Um 6.45 steht Floh auf. Um halb acht geht er in die Schule und um acht fängt die Schule an. Um halb zwei geht er wieder nach Hause und isst um Viertel nach zwei zu Mittag. Um 15 Uhr macht er Hausaufgaben und um Viertel vor fünf ruft er Freunde an. Um halb sechs spielt er Tennis. Um sieben isst er zu Abend und um acht sieht er fern und surft im Internet. Um zehn geht Flo schlafen.

Lesen

1 a Schlüsselwörter: 1. Brieffreunde, Welt, Hobbys: Bücher, Theater und Japanisch, Musik, Schokolade und Schuhe, Sprachen: Englisch und Französisch;
2. Brieffreunde, Europa, Sprachen: Deutsch, Englisch und Französisch, Hobbys: Computer, Musik, schwimmen und Fußball, Bayern München

1 b 1. Ines; 2. Ines; 3. Jan; 4. Ines: Bücher, Theater und Japanisch; Jan: Computer, Musik hören, schwimmen und Fußball; 5. Ines: Deutsch, Japanisch, Englisch und Französisch; Jan: Deutsch, Englisch und Französisch

2 SMS 1 – Hobby; SMS 2 – Geburtstag; SMS 3 – Wochenende; SMS 4 – Abend; SMS 5 – Kleidung

Fertigkeitstraining 2

Hören

1 a im Einkaufszentrum

1 b Jeans – im 2. Stock; Jogginganzug – im 3. Stock; CDs – im Erdgeschoss; Toast – im 4. Stock

2 a Clique 1 – Slogan E; Clique 2 – B; Clique 3 – C

2 b Clique 1 – a; Clique 2 – b; Clique 3 – b

Lesen

1 a Das Herz-Symbol passt zu der Geschichte.

1 b 2. wandern; 3. Disco organisieren; 4. Peter treffen; 5. viel lachen; 6. Eis essen; 7. quatschen; 8. glücklich sein

2 SMS 1 – Treffpunkt; SMS 2 – Herzliche Grüße; SMS 3 – Einkaufsproblem

Schreiben

1 *Zum Beispiel:* Links sitzt Timo, er ist intelligent und sehr fantasievoll. Er liest viel und ist manchmal traurig. In der Mitte sitzt Julian, er ist immer fröhlich, humorvoll und spielt Gitarre. Rechts steht Jasmina. Sie fährt Inliner und ist lustig. Und dann ist da noch Alex, er ist sehr sportlich.

Lösungsschlüssel zum Arbeitsbuch

AB Lektion 1

1 a Situation 1: Internet, Cola, Computer; Situation 2: Sport, Physik, Basketball; Situation 3: Party, Musik

1 b Wie geht's?

2
▶ Hallo Felix!
▷ Grüß dich, Thomas!
▶ Wie geht's?
▷ Danke, gut.
▶ Guten Abend, Frau Reiter.

✣ = a; ♥ = o; ✿ = e; ✦ = i; ▲= ü; ◆ = u

3 Bild 1 (sich begrüßen): Guten Morgen! Hallo! Wie geht's? Hi! Grüß dich! Bild 2 (sich verabschieden): Tschüss! Auf Wiedersehen! Ciao!

4 a 1. Hallo, Thomas!; 2. Danke, sehr gut.; 3. Tschüss!

5 a 1.
▶ Hallo, Jan! Wie geht's?
▷ Sehr gut, danke! Und dir?
▶ Super! Die Party ist cool!

2.
▷ Hi, ich bin Felix. Und wer bist du?
▶ Wer, ich?
▷ Ja, du!
▶ Ich bin Sarah.

6 eins, zwei, drei, vier, fünf, sechs, sieben, acht, neun, zehn, elf

7 11: elf; 12: zwölf; 14: vierzehn; 15: fünfzehn; 18: achtzehn; 19: neunzehn; 20: zwanzig

9 neunzehn / neun, zehn; sieben; elf; drei; vierzehn / vier, zehn; vierzehn / vier, zehn; sechzehn; eins; zwanzig; null; zwei; fünfzehn / fünf, zehn; acht; vier; neun; zwölf

10 1. (drei); sechs; (neun); zwölf; (fünfzehn); achtzehn2. (neunzehn); sechzehn; (dreizehn); zehn; (sieben); vier3. eins; (vier); sieben; (zehn); dreizehn; (sechzehn)4. zwanzig; sechzehn; (zwölf); (acht); vier; (null)

11 1. neunzehn; 2. sechs; 3. zwanzig; 4. vier; 5. sechzehn; 6. zwölf

12 a
▶ Guten Tag!
▷ Hallo!
▶ Ist ein Computerplatz frei?
▷ Ja. Zuerst zwei, drei Informationen, bitte!
▶ Okay.
▷ Wie ist dein Name?
▶ Karolina.
▷ Karoline, okay.
▶ Nein, Karolina. K-A-R-O-L-I-N-A.
▷ Und dein Familienname?
▶ Obermeyer. O-B-E-R-M-E-Y-E-R.
▷ Obermeyer, gut. Dein Platz ist Nummer 11. Dein Passwort ist: ZA 3.
▶ Platz 11, ZA 3. Danke.

13 a Paul – monster 007; Monika – kicki; Tom und Lisa – sylt99; Familie Stuller – zubs17; Birgit – biggy3105

14 Name: Niklas Sommer; Alter: 14; Wohnort: Weimar; Land: Deutschland; Beruf: Schüler; Hobbys: Comics und Computerspiele

15 heiße; komme; wohne; bin; mag

17 a Franka Potente; Deutschland; Berlin; 33; Schauspielerin; Freunde und Sport
Heinz Janisch; Österreich; Wien; 47; Autor von Jugendliteratur; Bücher und Reisen

18 1. Wie; 2. Wie; 3. Wer; 4. Wie; 5. Was; 6. Was

19 1. Grüß dich! Wie heißt du? Was ist dein Passwort?
2. Wie heißt du? Buchstabiere bitte!
3.
▶ Guten Morgen!
▷ Grüß dich! Woher kommst du?
▶ Aus Köln.
▷ Ich wohne in München.

20 ich: wohne, bin, heiße; du: heißt, kommst, suchst, bist; er / sie: spielt, heißt, ist, kommt

21 1. heißt; 2. spielt; 3. wohnst; 4. suche; 5. heißt; 6. spiele; 7. wohnt

22 1. Sie; 2. du; 3. er; 4. ich – du; 5. Sie; 6. Ich; 7. Er

23 a
▶ Hallo, (→) Monika! (↘)
▷ Hallo, (→) Max! (↘) Wie geht's? (↘)
▶ Sehr gut, (→) danke. (↘) Und dir? (↗)
▷ Auch gut, (→) danke. (↘)
▶ Was suchst du im Internet? (↘)
▷ Ich suche Informationen über die Band „Juli". (↘)

Meine Grammatik

Verben und Personalpronomen
Das bist du! Du heißt ...; Du kommst aus ...; Du wohnst in ...; Du spielst gern ... Das ist dein Lehrer / deine Lehrerin! Er / Sie heißt ...; Er / Sie kommt aus ...; Er / Sie wohnt in ...; Er / Sie spielt gern ...
Verbtabelle (1)
ich: -e; du: -st; er / sie: -t

Mein Wortschatz

a+b **Freunde**

Deutsch	English
Name	name
Nummer	number
Hobby	hobby
Computer	computer
Gitarre	guitar
Internet	internet
Tennis	tennis
Party	party

c *Weitere Beispiele:* Musik – music, Sport – sport, Passwort – password, Basketball – basketball

AB Lektion 2

1 Foto 1 (Sprachraum Deutsch): 1. Ich lerne Deutsch.; 2. Ich lerne Vokabeln.; 3. Ich buchstabiere „Tschüss". Foto 2 (Fußballplatz): 1. Ich spiele Fußball.; 2. Ich mag Sport.; 3. Ich bin ein Fußballfan.

2 a GHXLWÖRTERBUCHSERHIORDNERUMLR TASCHENRECHNEROPLMÄPPCHENZNBHANDY KOWLINEALCVXGELDBEUTELZBRPD DEUTSCHBUCHXAD

2 b ORTSCHERETSLABLEISTIFTMXGZRADIERGUMMI MBEWSPITZERPHUNHGDAKULIMNBCASA MARKERPIRKAUGUMMIT

2 c ein Wörterbuch, ein Ordner, ein Taschenrechner, ein Mäppchen, ein Handy, ein Lineal, ein Geldbeutel, ein Deutschbuch, eine Schere (feminin), ein Bleistift, ein Radiergummi, ein Spitzer, ein Kuli, ein Marker, ein Kaugummi

4 2. mein Wörterbuch – dein Vokabelheft; 3. meine Schere – dein Lineal; 4. mein Bleistift – dein Kuli; 5. mein Spitzer – dein Radiergummi; 6. meine CD – deine Kassette; 7. mein Geldbeutel – dein Handy

5 *Zum Beispiel:*
2. Heißt das auf Deutsch „Schere"? – Ja, das ist eine Schere.
3. Heißt das auf Deutsch „Schultasche"? – Nein, das ist ein Mäppchen.
4. Heißt das auf Deutsch „Stuhl"? – Ja, das ist ein Stuhl.
5. Heißt das auf Deutsch „Computer"? – Ja, das ist ein Computer.
6. Heißt das auf Deutsch „Heft"? – Nein, das ist ein Buch.
7. Heißt das auf Deutsch „Kassette"? – Nein, das ist eine Gitarre.

6 a 1. Ja, das ist mein Spitzer.; 2. Ist das dein Handy?.; 3. Das ist meine Landkarte!

7 richtig: 1, 4, 6; falsch: 2, 3, 5

9 machen: ein Experiment, Musik, Sport, Dialoge
spielen: Theater, Gitarre, Basketball, Dialoge
suchen: eine CD, eine Information im Internet, ein Passwort, ein Wort im Wörterbuch
lernen: Vokabeln, Gitarre, Deutsch, Englisch, Dialoge

10 a 1. Physik; 2. Englisch; 3. Deutsch; 4. Mathematik; 5. Musik; 6. Sport; 7. Biologie; 8. Geografie; 9. Kunst; 10. Geschichte

10 b Mein Lieblingsfach ist Informatik.

11 a+b Tasche, Schere, Bleistift, Rucksack, Tafel, Kreide, Mäppchen, Ordner, Hobby, Internet → Der Wortakzent ist auf der ersten Silbe.
Lineal, Mikroskop, Biologie, Geografie, Chemie, Mathematik, Religion, Musik, Physik → Der Wortakzent ist auf der letzten Silbe.

12 Dienstag, Mittwoch, Donnerstag, Freitag, Samstag, Sonntag

13 1. Mathematik: am Montag, am Donnerstag und am Freitag; Sport: am Montag und am Donnerstag; Kunst: am Mittwoch; frei: am Samstag (und am Sonntag)

14

☹ ☹	☹	😐	☺	☺ ☺
voll langweilig total blöd	blöd nicht so gut interessant	ganz gut okay es geht	cool toll interessant	echt gut voll gut sehr interessant

15 a *senkrecht:* malen, rechnen, hören, singen, schreiben, tanzen
waagerecht: zeichnen, turnen, lernen, spielen

16 1. Hallo! Ich sitze Reihe 12, Platz 17. Ciao!; 2. Peter, ich bin hier und wo bist du?; 3. Die Nummer 6 ist super! Wie heißt er?; 4. Toll, das Spiel!!

17 2. Wo – In; 3. Woher – Aus; 4. Wo – Im; 5. Wo – In; 6. Woher – Aus

18 2. Wer spielt Theater?; 3. Wie heißt du?; 4. Was spielst du gern?; 5. Was spielt er?; 6. Wie alt ist sie?; 7. Was malt Patrick?; 8. Was ist das?; 9. Wie findest du mein Handy?

19 a
20 a Wie heißt du? ↘ – Ich heiße Claudia. ↘; Woher kommst du? ↘ – Ich komme aus Deutschland. ↘; Wo wohnst du? ↘ – In Zürich. ↘; Wie alt bist du? ↘ – Dreizehn. ↘; Wie geht's? ↘ – Danke, sehr gut. ↘; Was ist das? ↘ – Mein Passwort. ↘; Wann hast du Kunst? ↘ – Am Mittwoch. ↘; Was ist dein Hobby? ↘ – Sport und mein Computer. ↘; Wer ist das? ↘ – Das ist Michael. ↘

20 b In den W-Fragen fällt meistens die Melodie. In Aussagesätzen fällt die Melodie.

21 a *Zum Beispiel:*
Wie findest du Mathematik?;
Wie findest du die Popgruppe „Juli"?;
Wie geht es dir?
Was ist dein Hobby?;
Was suchst du?;
Was suchst du im Internet?
Wann hast du Mathematik?;
Wann kommt dein Freund?
Wo wohnst du? Woher kommt dein Freund?
Wer ist dein Freund?;
Wer spielt gut Fußball?

22 a Wie geht es dir?; Wie heißt du?; Wie alt bist du?; Wo wohnst du?; Woher kommst du?; Was magst du?; Wer ist das?

23 a bin; mache; suche; habe; finde; findest; habe; ist; macht; spiele; geht; machst; Schreibst

24 Liebe Beata, am Freitag gehe ich in die Theatergruppe. Ich finde Literatur echt interessant. In der Gruppe sind viele Mädchen und das ist super. Ich spiele Romeo, meine Freundin Sophie ist Julia. Am Samstag kommt Publikum. Das ist toll. Kommst du auch? Moritz

Meine Grammatik

Satzmuster

W-Frage: Was macht Marta gern?; Was ist im Rucksack?
Aussage: Sie zeichnet gern.; Im Rucksack ist ein Wörterbuch.
Ja / Nein-Frage: Sitzt Alex auch Reihe 5?; Malt Patrick ein Aquarell?

Verbtabelle (2)

ich: singe, rechne, tanze;
du: singst, rechnest, tanzt;
er / sie: singt, rechnet, tanzt
ich: bin, habe;
du: bist, hast;
er / sie: ist, hat

AB Lektion 3

1 2. Stefans Großvater heißt Hans Feldner.; 3. Lisa ist Stefans Schwester.; 4. Anna geht in die Klasse von Stefan.; 5. Tobias wohnt in Hamburg.; 6. Balu ist Stefans Hund.; 7. Jochen ist ein Freund von Stefan.

2 1. Das ist Stefans Großvater.; 2. Das ist Stefans Mutter.; 3. Das ist Stefans Freund Tobias.; 4. Das ist Stefans Klassenkameradin Anna.; 5. Das ist Stefans Schwester. / Das ist Stefans Schwester Lisa.

3 a *Du rufst an:* Guten Tag. Hier ist Jochen Kerner. Ich …; Hi, Maike, hier ist Jochen.; Hallo, hier ist Jochen.; Hallo, Maike, …; Guten Tag, Frau Reiter. Ich bin Jochen Kerner. Ich …
Das Telefon klingelt. Du nimmst ab.: Maike Petersen.; Ja, hallo … ?; Hier Maike Petersen.

5 b Vorname: Sarah; Familienname: Pfiffing; Mädchen x; Alter: 16; Wohnort: Frankfurt; Land: Deutschland; Hobbys: schwimmen, lesen, Briefe schreiben; Sprache(n): Deutsch, Englisch, Spanisch; Sucht Brieffreunde aus: ganz Europa

6 a 1. sind – heißen; 2. findet; 3. sind; 4. sind; 5. sind; 6. Schickt; 7. kommen

6 b ich: chatte, bin, lese
du: spielst, schreibst, bist, heißt
er / sie: chattet, malt, ist, kommt, schreibt, wohnt, heißt
wir: kommen, machen, sind, heißen
ihr: chattet, malt, kommt, schreibt, wohnt, heißt
sie: kommen, machen, sind, heißen

6 c Singular:
(ich schreibe), du schreibst, er / sie schreibt
ich chatte, du chattest, (er / sie chattet)
ich komme, (du kommst), er / sie kommt
(ich bin), du bist, er / sie ist
Plural:
wir schreiben, ihr schreibt, (sie schreiben)
wir chatten, ihr chattet, sie chatten
wir kommen, ihr kommt, sie kommen
wir sind, (ihr seid), sie sind
Die Endungen der 1. und 3. Person im Plural sind gleich.
Die Endungen der 3. Person Singular und 2. Person Plural sind gleich. (Außer: *er ist / ihr seid*)

7 a
- ▶ Hallo, Mario, wie geht's?
- ▷ Super! Bist du nicht in der Schule?
- ▶ Nein, ich habe frei. Was macht deine Schwester?
- ▷ Sie ist hier, sie hört Musik.
- ▶ Aha. … Kommst du am Freitag ins Rockkonzert?
- ▷ Ja, ich komme.
- ▶ Und deine Schwester? Kommt sie auch?
- ▷ Sie kommt auch.
- ▶ Toll! Ich finde sie sehr nett.
- ▷ Boah, ich finde sie total stressig.
- ▶ Also, tschüss dann!
- ▷ Tschüss! Bis Freitag.

8 *Zum Beispiel:* 1. Ja, wir sind die 8b.; 2. Ja, wir lernen Deutsch.; 3. Ja, wir haben eine Theatergruppe.; 4. Wir spielen Romeo und Julia.; 5. Ich heiße Thomas.; 6. Ich bin dreizehn Jahre alt.; 7. Ja, ich mag Deutsch.; 8. Nein, ich bin Lena.; 9. Ja, ich habe drei Geschwister.; 10. Sport ist mein Lieblingsfach.; 11. 15 Schüler lernen Deutsch.; 12. Ja, sie sind sehr nett.; 13. Na ja, es geht so / sie arbeiten ganz okay.; 14. Ja, super!

9 a

0 null	**2** zwei	**3** drei
1 eins	**12** zwölf	**13** dreizehn
10 zehn	**20** zwanzig	**30** dreißig
11 elf	**22** zweiundzwanzig	**33** dreiunddreißig
101 hunderteins	**202** zweihundertzwei	**303** dreihundertdrei
1001 tausendeins	**2002** zweitausendzwei	**3003** dreitausenddrei
5 fünf	**6** sechs	**7** sieben
15 fünfzehn	**16** sechszehn	**17** siebzehn
50 fünfzig	**60** sechzig	**70** siebzig
55 fünfundfünfzig	**66** sechsundsechzig	**77** siebenundsiebzig
505 fünfhundertfünf	**606** sechshundertsechs	**707** siebenhundertsieben
5005 fünftausendfünf	**6006** sechstausendsechs	**7007** siebentausendsieben

9 b 7, 12, 66, 30, 11, 101, 505, 707, 3003

10 A: zwölf mal vier ist achtundvierzig; vierundzwanzig und / plus fünfundzwanzig ist neunundvierzig; vierundvierzig mal zwei ist achtundachtzig; neun mal neun ist einundachtzig; elf und / plus fünfundfünfzig ist sechsundsechzig; neunundneunzig mal eins ist neunundneunzig
B: siebzehn mal zwei ist vierunddreißig; dreiundzwanzig mal drei ist neunundsechzig; neunundzwanzig und / plus zweiundzwanzig ist einundfünfzig; dreizehn und / plus neunzehn ist zweiunddreißig; zwanzig mal vier ist achtzig; hundert und / plus null ist hundert
C: dreiundzwanzig und / plus dreiundvierzig ist sechsundsechzig; sechzehn mal zwei ist zweiunddreißig; elf mal fünf ist fünfundfünfzig; achtzehn und / plus neunzehn ist siebenunddreißig; siebzig und / plus zehn ist achtzig; achtundachtzig mal eins ist achtundachtzig

11 ein Ball; ein Stuhl; eine Hand; zwei Blitze; ein Bleistift; eine Blume; zwei Flaschen; eine Schnecke; ein Buch; zwei Fahrräder; drei Wörter; drei Kulis; ein Handy; ein Marker; zehn Spitzer; ein Teddybär

13+14 b

A	„Wohnst du in Frankfurt?"	↗
B, D	„Wie geht es Ihnen?"	↘
B	„Herr Klein, möchten Sie noch Tee?"	↗
A	„Wie alt bist du denn?"	↘
C	„Spielt ihr gern Fußball?"	↗
A	„Was möchtest du, Susi?"	↘
B, D	„Woher kommen Sie?"	↘
A	„Bist du ein Einzelkind?"	↗
C	„Sprecht ihr Englisch?"	↗
A	„Heißt dein Hund Blitz?"	↗
A	„Wann schreibst du?"	↘
B, D	„Wie heißen Sie?"	↘
C	„Wann schickt ihr ein Foto"	↘
B, D	„Sind Sie aus Österreich?"	↗

14 c In W-Fragen <u>fällt</u> meistens die Melodie.
In Ja/-Nein-Fragen <u>steigt</u> die Melodie.

15 a ein Deutschbuch, ein Deutschheft, ein Deutschraum; ein Computerraum, ein Computerplatz; eine Landkarte; ein Lieblingsfach, ein Lieblingslied, ein Lieblingsbuch, ein Lieblingsplatz, ein Lieblingsraum, ein Lieblingsname; ein Vokabelheft; ein Fußballplatz; ein Geburtstagslied, eine Geburtstagskarte; ein Familienname

Meine Grammatik

Verbtabelle (3)

a.

Singular:	Endung:	Aber:	sein
ich wohne, rechne, heiße	-e		ich bin
du wohnst, rechnest, heißt	-st	rechn<u>est</u>, heiß<u>t</u>	du bist
er / sie wohnt, rechnet, heißt	-t	rechn<u>et</u>	er / sie ist
Plural:			sein
wir wohnen, rechnen, tanzen	-en		wir sind
ihr wohnt, rechnet, tanzt	-t	rechn<u>et</u>	ihr seid
sie wohnen, rechnen, tanzen	-en		sie sind

b. Hier schreibt man ***Sie*** immer <u>groß</u>.

Familie im Plural

Kinder; Babys; Brüder; Schwestern; Väter; Mütter; Omas; Opas; Tanten; Onkel; Enkelinnen; Enkel

Mein Wortschatz

Meine Familie, meine Freunde

Zum Beispiel:
Meine Familie
Das ist:
meine Mutter
und meine Schwester Katharina.
Das ist:
mein Vater
und mein Bruder Paul und mein Onkel Richard.
Das sind auch:
meine Großeltern
und meine Tanten Barbara und Alexandra.
Meine Freunde
Das sind:
Peter
und Franziska ...

AB Lektion 4

1 senkrecht: Hut, Handschuhe, Schal, Rock, Mütze, Hemd
waagerecht: Hose, T-Shirt, Kleid, Pullover, Jeans

2 1. Hemd (für Jungen; die anderen Sachen tragen nur Mädchen)
2. Hut (die anderen Sachen sind Kleidungstücke für Fuß und Beine)
3. Schal (die anderen Sachen sind für Sport)
4. Jeans (die anderen Sachen trägt man am Oberkörper)
5. Kette (die anderen Sachen trägt man nur im Winter).

3 gelb; orange; rosa; lila; grau; schwarz; grün; braun

4 ein Fußball: weiß und schwarz; Kaffee: braun / schwarz: eine Orange: orange; ein Tennisball: gelb; Schokolade: braun; eine Banane: gelb; eine Zitrone: gelb; eine Tafel: grün / schwarz; Jeans: blau / grau

5 1. Handschuhe; 2. Strümpfe; 3. Turnschuhe; 4. Lieblingskleid; 5. Kleiderschrank

6 der: Kuli, Rucksack, Freund, Stundenplan, Vater, Bruder, Opa, Platz, Marker
das: Klassenzimmer, Mädchen, T-Shirt, Buch, Heft, Lineal, Handy, Mäppchen
die: Tasche, Schwester, Klasse, Schule, Familie, Mutter, Schere

8 a Die; Das; Das; das; Die; Die

8 b Sie; Es; Er; Sie; Er; sie; es; er; sie; er

9 1. Steffi; 2. Sven; 3. Moritz; 4. Anne

10 a 1. – d 2. – c; 3. – b; 4. – f; 5. – g; 6. – h; 7. – j; 8. – l; 9. – i / e; 10. – k; 11. – a; 12 – e / i

10 b *Zum Beispiel:* Kleidung: schick – sportlich, langweilig – witzig; Party: cool – blöd, klein – groß, kurz – lang, langweilig – witzig;
Zahl: falsch – richtig;
Figur: klein – groß, dick – schlank;
Haare: hell – dunkel, kurz – lang, weiß – schwarz;
Computer: klein – groß, schnell – langsam, weiß – schwarz;
du und deine Freunde: ernst – lustig

11 1. Herr Rot ist klein und dick. Er hat keine Haare. Der Jogginganzug ist sportlich.
2. Lizzy ist 16. Sie ist schlank, die Haare sind lang und braun. Der Pulli ist kurz und modisch, die Hose lang.
3. Frau Lang ist nicht schick. Das Kleid ist lang, die Haare sind kurz und blond.

12 gehen; sind; findet; macht; ist; singt; spielt / ist; spielen; machen; schreiben; machen; finden

13 1. Hallo, wie geht's?; 2. Wie heißt du?; 3. Wo wohnst du?; 4. Wo ist das?; 5. Was machst du gern?; 6. Wie ist dein Lieblingskleid?

14 1. fährt; 2. schläft; 3. liest; 4. fährt; 5. isst; 6. sehen; 7. fährt

15 a schlafen: ich schlafe, du schläfst, er schläft;
fahren: ich fahre, du fährst, wir fahren
laufen: er läuft, sie läuft, wir laufen;
sprechen: ich spreche, sie spricht, wir sprechen
essen: ich esse, du isst, sie isst;
lesen: ich lese, du liest, wir lesen;
sehen: ich sehe, er sieht, wir sehen

15 b schlafen, fahren: a > ä;
du schläfst, er / es / sie schläft; du fährst, er / es / sie fährt
laufen: au > äu;
du läufst, er / es / sie läuft
sprechen, essen: e > i;
du sprichst, er / es / sie spricht;
du isst, er / es / sie isst
lesen, sehen: e > ie;
du liest, er / es / sie liest;
du siehst, er / es / sie sieht

17 … wie geht es dir? Mir geht es ganz gut. …Sie heißt Agnes und sie kommt aus Slowenien. … Agnes hat keine Geschwister, aber sie hat schon viele neue Freunde. … Wir spielen zusammen Tennis, essen Eis oder hören Musik. Agnes mag auch englische Bands. … Das ist in Slowenien, aber ich spreche doch kein Slowenisch!!!

18 a Kleiderschrank; Kleidungsstück; Strumpfhose; Sporthose, Sportschuhe, Sporttasche; Jogginghose, Joggingschuhe, Jogginganzug; Handschuhe, Handtasche

19 a **i** spricht man fast immer kurz.
ie spricht man immer lang.

19 b Gitta spielt Gitarre und singt Liebeslieder. Sie liest Liebesgeschichten und sieht Liebesfilme. Sie isst nichts. Sie trinkt immer nur Limo. Sie schreibt viele Liebesbriefe. Sie liebt Dieter. Dieter spielt Klavier.

20 a spielen, schlafen, schreiben, sprechen, stehen

20 b 1. Spielt – Schule; 2. Stundenplan – Sport; 3. Schwester – schlank – sportlich; 4. schwarze Strumpfhose; 5. Spitzer – schön; 6. schläft – Stuhl; 7. Schick – Schal; 8. Stück – Schokolade

Meine Grammatik

Artikelwörter

maskulin: der / ein / mein / kein Rock
neutral: das / ein / mein / kein T-Shirt
feminin: die / eine / meine / keine Hose
Plural: die / - / meine / keine Schuhe

Verbtabelle (4)

a ich fahre, du fährst, er / es / sie fährt, wir fahren, ihr fahrt, sie fahren, Sie fahren
ich laufe, du läufst, er / es / sie läuft, wir laufen, ihr lauft, sie laufen, Sie laufen
ich spreche, du sprichst, er / es / sie spricht, wir sprechen, ihr sprecht, sie sprechen, Sie sprechen
ich lese, du liest, er / es / sie liest, wir lesen, ihr lest, sie lesen, Sie lesen

b Ich: lese, esse, sehe, fahre;
Mein Bruder: liest, isst, sieht, fährt

AB Lektion 5

1 1. 08:00; 2. 9:30; 3. 14:15; 4. 20:00; 5. 21:45; 6. 00:00

2 a 1. neun Uhr; 2. Viertel nach fünf; 3. halb drei; 4. zwanzig nach zwölf; 5. Viertel vor zehn

2 b 1. drei Uhr; 2. Viertel vor fünf; 3. halb zwei; 4. vier Uhr; 5. zehn vor neun

3 1. ein; 2. eins; 3. ein; 4. eins; 5. eins; 6. eine

4 null Uhr / 24 Uhr – Mitternacht; 9 Uhr 5 – fünf nach neun; 10 Uhr 30 – halb elf; 23 Uhr 20 – zwanzig nach elf; 15 Uhr 45 – Viertel vor vier; 16 Uhr 15 – Viertel nach vier; 13 Uhr 20 – zwanzig nach eins; 19 Uhr 45 – Viertel vor acht; 11 Uhr 50 – zehn vor zwölf; 7 Uhr 30 – halb acht

5 a 1. Es ist halb neun. Pablo sitzt (gerade) in der Schule.; 2. Es ist Viertel vor zwölf. Sonia spielt (gerade) Klavier.; 3. Es ist zehn nach drei. Laura macht (gerade) Hausaufgaben.; 4. Es ist halb acht. Ebby isst (gerade) zu Abend.; 5. Es ist Viertel vor elf. Li isst (gerade) zu Abend.; 6. Es ist Mitternacht. Max schläft.

6 b 8:00 – Der Wecker klingelt.; 8:10 – Sonia steht auf.; 8:30 – Sonia frühstückt.; 9:00 – Sie fängt mit den Hausaufgaben an.; 12:45 – Sonia isst mit der Mutter zu Mittag.; 13:00 – Die Schule fängt an.; 18:00 – Sonia kommt nach Hause.; 18:30 – Sonia macht Hip-Hop.; 20:00 – Die ganze Familie isst zu Abend.; 20:30 – Sonia sieht fern oder hört Radio.; 21:30 – Sonia geht ins Bett und schläft gleich ein.

7 b 1. aufstehen – Um zehn nach acht stehe ich auf.;
2. anfangen – Um neun fange ich mit den Hausaufgaben an.;
3. anfangen – Um ein Uhr fängt die Schule an.;
4. fernsehen – Um halb neun Uhr sehe ich noch etwas fern.;
5. einschlafen – Ich schlafe gleich ein.

7 c Um zehn nach acht / stehe / ich / auf.
Ich / schlafe / gleich / ein.

8 mitgehen, mitlesen, mitschreiben, mitfahren, mitkommen; anhören, anprobieren, anrufen; zuhören; ausgehen, ausprobieren; vorlesen; aufschreiben, aufhören, aufrufen

9 a auf; an; zu; an; aus; mit; an; mit; mit; fern; ein

10 Das Frühstück; frühstücken; essen zu Mittag; das Mittagessen; das Abendbrot / das Abendessen; essen … zu Abend

11 a Rebecca – Freunde; Clemens – Kino; Anna-Lena – Sport; Noah – Musik

11 b richtig: 1, 3, 4; falsch: 2

12 K, M, E, I, D, C, L, H, F, G, A

13 a+b 2. Was, du frühstückst nicht!?; 3. Was, du gehst nicht in die Schule!?; 4. Was, du spielst nicht Tennis!?; 5. Was, du isst nicht zu Mittag!?; 6. Was, du chattest nicht im Internet!?; 7. Was, du trainierst nicht!?; 8. Was, du siehst nicht fern!?; 9. Was du gehst nicht schlafen!?

13 c 1. Morgen steht Peter wieder auf.; 2. Morgen frühstückt er wieder.; 3. Morgen geht er wieder in die Schule.; 4. Morgen spielt er wieder Tennis.; 5. Morgen isst er wieder zu Mittag.; 6. Morgen chattet er wieder im Internet.; 7. Morgen trainiert er wieder. 8. Morgen sieht er wieder fern.; 9. Morgen geht er wieder schlafen.

14 Die Schüler hören nicht zu, sie machen nicht mit. Sie fragen nicht und sie antworten nicht. Sie kommen nicht an die Tafel, sie lesen nicht vor und sie schreiben nicht mit. Die Lehrerin ist nicht zufrieden.

15 a ✤ = ei; ♥ = eu; ✿ = au; ✦ = äu

15 b *ei:* mein / meine, Freitag, keine Zeit, eine, heißt, Leipzig, bleibt, nein, frei
eu: heute, Freunde, Neuner, Neue, neu, Deutsch
au: auf, laufe, aus, Haus, Claudia, Frau Laufer, Hausaufgaben
äu: träume

17 Ich möchte ein Videospiel, drei Bücher, einen Taschenrechner, einen Kuchen, Turnschuhe, ein Mikroskop, eine Kette, einen Rock, ein Fahrrad, einen Rucksack, eine Sporttasche, eine Katze, einen CD-Player und ein Wörterbuch.

18 a kein Videospiel, keine Kette, keine (Pl.) Turnschuhe, keinen Taschenrechner, keine (Pl.) Bücher, kein Mikroskop, keinen Rucksack, kein Wörterbuch, keinen Rock, keine Sporttasche, keinen CD-Player

18 b ABER: Sie sieht ein Fahrrad, einen Kuchen und eine Katze!

19 Valerie möchte einen Rucksack / ein T-Shirt / eine Kette / Turnschuhe. Sie sieht kein**en** Rucksack / kein T-Shirt / keine Kette / keine Turnschuhe.

20 a+b *Zum Beispiel:* Carla backt einen Kuchen.; Nico singt ein Lied.; Verena schreibt einen Brief.; Sandra trinkt eine Flasche Wasser.; Karsten isst ein Eis.; Jürgen spielt ein Videospiel.; Lena trifft einen Freund.; Anja liest ein Buch.; Noah kauft einen Pullover.; Alex zeichnet einen Clown.

Meine Grammatik

Trennbare Verben

Zum Beispiel: Die Schule / fängt / um 8 Uhr / an.
Am Abend / sehe / ich manchmal / fern.
Wann / stehst / du am Sonntag / auf?
Fängt / die Lehrerin eine neue Lektion / an?
Hören / die Schüler immer / zu?

Nominativ – Akkusativ

Zum Beispiel:

Nominativ	Akkusativ
Ist da ein Tisch?	Ja, ich sehe einen Tisch. Nein, ich sehe keinen Tisch.
Ist da ein Klavier?	Ja, ich sehe ein Klavier. Nein, ich sehe kein Klavier.
Ist da eine Katze?	Ja, ich sehe eine Katze. Nein, ich sehe keine Katze.
Sind da Kleidungsstücke?	Ja, ich sehe Kleidungsstücke. Nein, ich sehe keine Kleidungsstücke.

nicht* und *kein

2. Ich habe kein Moped. 3. Ich gehe heute nicht in die Schule. 4. Ich trinke keine Cola.

AB Lektion 6

1 Ich bin im Stadion / im Eiscafé / im Einkaufszentrum / im Deutschunterricht / im Kino. Ich komme gern ins Einkaufszentrum / ins Stadion / ins Eiscafé / ins Kino.

2 a Wir sind / Ich bin gerade im Café Einstein und essen / esse Kuchen. Kommt ihr auch?

2 b Ich bin zu Hause und sehe fern. Das Fußballspiel fängt gerade an. Siehst du auch fern?

3 c Ich gehe mit Moni und Paul shoppen. Ich komme um fünf Uhr nach Hause.

4 *Zum Beispiel:*
Um wie viel Uhr beginnt der Film? – Er beginnt um 18 Uhr.
Wie ist der Film? – Er ist spannend.
Wie heißt der Film? – Er heißt Star Wars III.
Wann läuft der Film? – Er läuft von Dienstag bis Donnerstag / am Samstag / am 3.4. / um 18 Uhr.
Wann startet der Film? – Er startet am Samstag / am 3.4.
Wo läuft der Film? – Er läuft im Cinecity.
Von wann bis wann läuft der Film? – Er läuft von Dienstag bis Donnerstag / von 20 bis 22 Uhr.

5 a Film: Wie heißt der Film? / Ist der Film ein Thriller, eine Komödie oder …?
Stars: Wer spielt mit? / Wer sind die Stars?
Kritik: Wie ist der Film? Kino: Wo läuft der Film?
Datum: Wann läuft der Film?
Uhrzeit: Um wie viel Uhr beginnt der Film?
Dauer: Wie lange läuft der Film?

6 *Zum Beispiel:*
Heute ist der fünfte April, alles ist grau / blöd / langweilig! Ich denke immer nur an Christoph. Christoph ist total nett / süß! Warum ruft er nicht an? Ich warte und warte und warte. Die Zeit geht soooo langsam! Ich sehe immer auf die Uhr. Es ist schon 9 Uhr. Warum ruft er nicht an? Das macht mich ganz verrückt! Jetzt bin ich schon soooo müde. Gute Nacht, liebes Tagebuch! Bis morgen! Vielleicht ruft Christoph morgen an.

8 a 17.7. – Herr Becker; 1.8. – Frau Becker; 31.12. – Jan; 20.9. – Alina und Alena; 3.6. – Linus

11 *Zum Beispiel:*
Ich muss: Hausaufgaben machen, pünktlich zu Hause sein, Vokabeln lernen, Klavier üben, das Terrarium putzen, Papas Auto waschen, mein Zimmer aufräumen, in die Schule gehen
Ich darf nicht: rauchen, spät schlafen gehen, im Internet surfen, Mofa fahren, abends ausgehen, Moped fahren, bis Mitternacht fernsehen
Ich darf: für 10 € im Monat telefonieren, eine Geburtstagsparty machen, Freunde einladen, am Sonntag ausschlafen

14 möchte, muss, muss, muss, darf, darf, darf, darf, darf, muss, muss, möchte, möchte

15 ins; ins; in die; ins; ins; ins; in die

16 *Zum Beispiel:* Ich darf Mofa fahren. Tommi darf allein in die Disko gehen. Eva darf nicht allein shoppen gehen. Meine Lehrerin muss Informationen sammeln. Meine Mutter möchte einen Kuchen backen. Wir müssen englische Vokabeln lernen. Meine Freunde dürfen keinen Kaffee trinken. Meine Eltern müssen früh aufstehen. Meine Geschwister dürfen Moped fahren.

17 a kurz: Wörter, Röcke, müssen;
lang: schön, früh, müde

19 a senkrecht: Cola, Apfelsaft, Eis, Wasser, Kugel, Eistorte
waagerecht: Kaffee, Eiskaffee, Vanilleeis, Orangensaft, Toast, Kuchen, Milchshake

19 b essen: das Vanilleeis, der Toast, der Kuchen, das Eis, die Kugel (Eis), die Eistorte
trinken: der Kaffee, der Eiskaffee, der Orangensaft, der Milchshake, die Cola, der Apfelsaft, das Wasser

20 1. Einen Apfelsaft, bitte.; 2. Nein, danke.; 3. Ja, bitte!; 4. Hier, 2 Euro 50. Das stimmt so!

21 *Zum Beispiel:* 1. Guten Tag!; 2. Was darf ich bringen? / Was darf es sein?; 3. Möchtet ihr auch etwas essen?; 4. Und du? Möchtest du auch etwas essen?; 5. Das macht 11 Euro 40.

Meine Grammatik

a **Modalverben (1)**
Zum Beispiel: ich muss früh aufstehen / ich darf Mofa fahren
er / es / sie darf ins Kino gehen
wir müssen singen / wir dürfen Rad fahren

b ich / er / es / sie muss
ich / er / es / sie darf
ich / er / es / sie möchte
wir / sie / Sie müssen
wir / sie / Sie dürfen
wir / sie / Sie möchten

Modalverben und Satzklammer
Aussagesatz: Ich muss mein Zimmer aufräumen. Am Abend darf ich manchmal fernsehen.
W-Frage: Wie lange darfst du am Sonntag schlafen?
Ja / Nein-Frage: Müsst ihr zu Hause viel helfen?

Mein Wortschatz
Wie heißen die Adjektive?

a langweilig, fertig, schrecklich, chaotisch, romantisch, witzig, exotisch, interessant, intelligent, richtig, lustig, modisch, sportlich, lockig

AB Lektion 7

1 2. Am; 3. Im; 4. Am; 5. Um; 6. Im

2 Januar (Neujahr, Heilige Drei Könige),
Februar, März, April (Ostern),
Mai (Maifeiertag, Pfingsten, Muttertag),
Juni (Pfingsten),
Juli, August (Sommerferien),
September, Oktober, November, Dezember (Weihnachten, Silvester)

3 einen Kuchen backen / kaufen; ein Buffet organisieren; ein Plakat malen / schreiben; Getränke kaufen; Freunde einladen; eine Tombola organisieren; ein Theaterstück aufführen / schreiben; ein Konzert geben / organisieren

5 *Zum Beispiel:* Ich will ein Mofa kaufen, aber ich habe kein Geld.; Ich möchte eine Sachertorte backen, aber ich habe kein Mehl.; Ich will ins Kino gehen, aber es kommen nur Actionfilme.; Ich möchte Musik hören, aber ich darf nicht.

6 a *Zum Beispiel:* Er will, aber er kann nicht.;
Ihr dürft, aber ihr wollt nicht.;
Sie wollen, aber sie dürfen nicht.;
Wir dürfen, aber wir können nicht.;
Ich muss, aber ich will nicht.;
Ich will, aber ich kann nicht.

6 b kann, will, muss, darf: ich, er / es / sie
können, wollen, müssen, dürfen: wir, sie / Sie

7 Mianownik: ich, du, er, es, sie, wir, ihr, sie, Sie
Biernik: mich, dich, ihn, es, sie, uns, euch, sie, Sie

8 a Wo ist meine Tasche? Ich finde sie nicht.;
Wo ist mein Schal? Ich finde ihn nicht.;
Wo ist meine Kette? Ich finde sie nicht.;
Wo ist mein Spitzer? Ich finde ihn nicht.;
Wo sind meine Jeans? Ich finde sie nicht.;
Wo sind meine Socken? Ich finde sie nicht.;
Wo ist mein Hund? Ich finde ihn nicht.;
Wo ist mein Pullover? Ich finde ihn nicht.;
Wo ist mein Fahrrad? Ich finde es nicht.;
Wo sind meine Schuhe? Ich finde sie nicht.;
Wo ist mein Handy? Ich finde es nicht.

8 b der Schal / das Handy / die Kette / die Socken
er / es / sie / sie
ihn / es / sie / sie

10 a Dialog 1: dich, sie, ihn, uns; Dialog 2: sie, dich, Sie; Dialog 3: dich, euch, euch, ihn, mich

12 *Zum Beispiel:* Lieber Paul! Ich feiere am 24.10. ab 15 Uhr eine Geburtstagsparty. Ich lade dich ein. Wir spielen viele Spiele und machen eine Wanderung im Wald. Kannst du kommen? Hast du Zeit? Hoffentlich! Bis bald, deine Clara

13 Foto 1: Lies bitte ein Gedicht.; Nimm noch ein Stück Kuchen.; Dann gute Nacht! Schlaf schön!
Foto 2: Backt einen Kuchen.; Bringt bitte Getränke mit.; Räumt bitte auf.
Foto 3: Kaufen Sie bitte ein paar Zeitungen.; Rufen Sie mich heute Abend an.

14 bringen / (bring) / bringt / bringen Sie
schreiben / schreib / schreibt / schreiben Sie
basteln / (bastle) / (bastelt) / basteln Sie
rechnen / (rechne) / rechnet / rechnen Sie
aufräumen / räum ... auf / (räumt ... auf) / räumen Sie ... auf
anfangen / fang ...an / fangt ... an / fangen Sie ... an
schlafen / (schlaf) / schlaft / schlafen Sie
nehmen / nimm / (nehmt) / nehmen Sie
essen / iss / (esst) / essen Sie

16 a 1. Nimm zuerst 5 Eier und schlag sie auf.;
2. Mix dann die Eier und gib eine Prise Salz und Pfeffer dazu.;
3. Gib danach etwas Öl in die Pfanne.
4. Gieß zum Schluss die Eier in die Pfanne und back sie.;
5. Jetzt kommt das Omelette auf den Tisch, guten Appetit!

18 Kennen Sie das Wiener Kaffeehaus? Es (das Kaffeehaus) ist eine typische Wiener Institution. Sie können viele Stunden im Kaffeehaus sitzen und müssen nur einen Kaffee, zum Beispiel eine Melange, bestellen. Trinken Sie sie (die Melange) langsam, Sie haben Zeit. Im Kaffeehaus findet man viele Zeitungen. Die Gäste lesen sie (die Zeitungen) oder treffen Freunde. Sie wollen zahlen, aber wo ist der Kellner? Rufen Sie ihn (den Kellner), vielleicht kommt er (der Kellner) schnell, vielleicht auch nicht. Aber: Bleiben Sie immer freundlich! (*Sie* bezieht sich auf den Leser.)

19 a 1. langes Kleid; 2. Minirock mit Top; 3. Jeans; 4. T-Shirt und Jeansrock; 5. rosa Pulli und schwarze Jeans; 6. die weiße Hose.

19 b Verena zieht das lange, blaue Kleid an. Ayshe zieht die weiße Hose und den rosa Pulli an.

21

der / ein	das / ein	die / eine	die / – (Plural)
den Kleiderschrank deinen Opa keinen Quatsch	das Aquarium das Geld dein Mittagessen	die Musik eine Karte	die Blumen deine Hausaufgaben Jeans

22 *Zum Beispiel:* Macht die Aufgabe.;
Schreibt den Text / die Wörter / die Sätze / den Dialog.;
Ergänzt den Text / die Sätze / den Dialog.;
Ordnet den Text / die Wörter / die Sätze / den Dialog.;
Lest den Text / die Frage / Wörter / die Sätze / den Dialog / die Aufgabe.;
Sprecht die Wörter / die Sätze nach.

23 1. sie; 2. sie; 3. Was?; 4. ihn; 5. Sie; 6. Wen; 7. es; 8. mich; 9. sie; 10. dich

Meine Grammatik

Modalverben (2)

Zum Beispiel: ich kann nicht tanzen / will nicht tanzen
du willst tanzen
wir können ein Buffet organisieren / wollen nach Hause gehen
sie können einen Kuchen backen
Sie wollen nicht schlafen gehen

Personalpronomen im Akkusativ

Zum Beispiel: Hörst du mich? Ich hole dich ab. Ich lade ihn ein. Ich suche es. Ich frage sie. Ruft ihr uns an? Ich lade euch ein. Wir hören sie. Wir holen Sie ab.

Imperativ

Zum Beispiel:
mitfahren: Fahr doch mit. / (Fahrt doch mit.) / Fahren Sie doch mit. / Fahren Sie doch mit.
anfangen: Fang an. / Fangt an. / Fangen Sie an. / Fangen Sie an.
lesen: (Lies ein Buch.) / (Lest ein Buch.) / Lesen Sie ein Buch. / Lesen Sie ein Buch.
nehmen: Nimm zwei. / Nehmt zwei. / Nehmen Sie zwei. / Nehmen Sie zwei.

Mein Wortschatz

Wortschatzrätsel: Salz, backen, Mehl, Zucker, Eier, Butter, Backform, Tortenform, Rezept, mixen

AB Lektion 8

1 Erika findet die Tasche etwas teuer.
Stella findet die Tasche langweilig. Sie findet das Skateboard toll.
Gabriel findet das T-Shirt super schön und gar nicht teuer.
Mark findet die Turnschuhe echt cool und auch billig.

3 a

Lektüre	Unterhaltung	Klamotten	Sport	Musik, Filme
Bücher, Zeitschriften	Kino, Konzerte	Jeans, Bluse	Ticket für Fußballspiel, Volleyball, Turnschuhe	CD, DVD

4 1. Computer; 2. Buch; 3. Fotos; 4. Handy; 5. Hund; 6. Torte

5 1. der; 2. die – die; 3. Das; 4. die; 5. Der; Den

6 a 75 %: Für Kinobesuche, Treffen im Internetcafé und Computerspiele / Unterhaltung
25%: Für DVDs und CDs / Musik, Film
11%: Für Haargel, Lippenstift, Make-up usw. / Kosmetikartikel

7 a 2 – a; 3. – h / j; 4. – f; 5. – h / j; 6. – d; 7. – i; 8. – b; 9. – g; 10 – e

7 b Personen: ätzend, schrecklich, jung, romantisch, gut, nett, schlecht, alt, blöd, kompliziert, toll, realistisch, cool
Sachen: bunt, eng, ätzend, teuer, schrecklich, romantisch, gut, praktisch, weit, schlecht, schwarz-weiß, alt, blöd, billig, kompliziert, toll, realistisch, cool

8 1. Christiane probiert eine Bluse, aber sie ist zu weit.; 2. Christiane probiert ein T-Shirt, aber es ist zu bunt.; 3. Christiane probiert eine Hose, aber sie ist zu lang.; 4. Christiane probiert Schuhe, aber sie sind zu eng.

10 Wie findest du den Pullover?; Findest du die Gruppe „Silbermond" auch so toll?; 3. Ich mag Physik, meine Eltern und meine Oma.; Gefallen dir die Schuhe nicht?; Dein Rucksack gefällt mir.

11 a
1. *Verkäufer:* Hallo, kann ich dir helfen?
2. *Maximilian:* Guten Tag, ich suche einen Jogginganzug … Ich spiele Volleyball.
3. *Verkäufer:* Ah, du spielst Volleyball? Toll, ich auch … Also einen Jogginganzug, mal sehen. Hast du eine Lieblingsfarbe?
4. *Maximilian:* Gelb ist meine Lieblingsfarbe.
5. *Verkäufer:* Gelb, hm… Wir haben ein paar Modelle. Wie viel möchtest du denn ausgeben?
6. *Maximilian:* Circa 50 Euro. Die sind das Geburtstagsgeschenk von Oma.
7. *Verkäufer:* Na, für 50 Euro finden wir sicher einen Jogginganzug … Wie findest du den hier?
8. *Maximilian:* Der ist cool! Was kostet der?
9. *Verkäufer:* 45,50 Euro. Gefällt er dir?
10. Maximilian: Ja, ich möchte ihn gern probieren.
11. *Verkäufer:* Und, passt er dir?
12. *Maximilian:* Der passt echt gut. Den kaufe ich …
13. *Verkäufer:* Eine sehr gute Wahl, er passt dir wirklich perfekt! (*An der Kasse.*) Das macht also 45,50 Euro.
14. *Maximilian:* Hier, bitte, 50 Euro.
15. *Verkäufer:* Danke schön, und 4,50 Euro zurück … Viel Spaß beim Volleyball!
16. *Maximilian:* Vielen Dank und auf Wiedersehen.

12 … Willst du ein Handy mit Kamera oder lieber nicht mit Kamera? Wir haben viele Modelle, aber sie sind teuer, so circa 120 Euro … Dann möchtest du doch lieber nur telefonieren und SMS verschicken? … Es ist klein und praktisch, aber du kannst nur telefonieren, keine SMS verschicken. Oder willst du lieber das Handy hier? Es ist nicht schön, aber es ist billig und du kannst telefonieren und SMS verschicken … Billig und schön und praktisch und telefonieren und SMS verschicken und fotografieren – alles geht nicht!

14 schlafe; trinke; besuche; verstehen; verbringen; erleben; lernen; essen; bezahlen; vergesse; erzähle; bekomme

15 *Zum Beispiel:* neue Chat-Freunde im Internet kennen lernen; Abenteuer am Meer erleben; die Vokabeln immer schnell vergessen; ein Fahrrad zum Geburtstag bekommen; Tante Irmela am Sonntag besuchen; ein Wochenende in Deutschland verbringen

16 die Landkarte; die Kreditkarte; das Kaffeehaus; der Stundenplan; das Klassenzimmer; das Geburtstagsfest

17 *Zum Beispiel:* Maximilian bezahlt 35 Euro für den Jogginganzug.; Mir gefällt der Rock nicht.; Wir kaufen im Supermarkt ein.; Meine Eltern stehen früh auf.; Tante Bruni erzählt etwas Lustiges.; Du besuchst deine Oma.; Maximilian versteht uns nicht.; Sie verbringen die Ferien am Meer.; Du vergisst uns nicht.

18

das Musikzimmer		mein Klassenzimmer	das Lehrerzimmer
Klassenzimmer	Klassenzimmer	das Chemielabor	der Biologieraum
Schulcafeteria		Eingang	Schuldirektorin

Meine Grammatik

Demonstrativpronomen

Zum Beispiel:
Guck mal, der Hut!
Guck mal, das T-Shirt! Das ist schick. Das nehme ich.
Guck mal, die Torte! Die ist lecker! Die esse ich sofort.
Guck mal, die Blumen! Die sind schön bunt! Die möchte ich haben.

Nicht trennbare Verben
Zum Beispiel:
be-: besuchen, bestellen, bezahlen, beginnen; Ich möchte bezahlen.
ge-: gefallen; Die Bluse gefällt mir.
er-: erzählen, erleben; Die Lehrerin erzählt eine Geschichte.
ver-: verstehen, verbringen, vergessen; Ich verstehe den Marsdialekt nicht.

Verbindungswörter

a *Zum Beispiel:* Ist das Handy billig oder teuer? / Es ist klein, aber schön. / Es ist praktisch und billig.

b *Zum Beispiel:* Ich bin 14 und (ich) gehe in die Klasse 8b.
Ich gehe ins Kino und meine Freundin geht in die Disko.
Ich mag Hunde, aber (ich mag) keine Katzen.
Ich probiere den Pullover, aber er ist zu weit.
Ich möchte fernsehen oder (ich möchte) Musik hören.

Mein Wortschatz

Zusammengesetzte Wörter
Zum Beispiel: der Blumenladen, der Modeshop, das Handygeschäft, das Sportcenter, die Buchhandlung

AB Lektion 9

1 a Situation 1: auf dem Land; Situation 2: in der Stadt; Situation 3: an einem See; Situation 4: im Haus / im Wohnzimmer

1 b *Zum Beispiel:*
1: Vogel, Wald, Natur, ruhig, Hund, ...
2: Auto, laut, Zentrum, Geschäfte, einkaufen, ...
3: Wasser, Sommer, schwimmen, Spaß, Schiffe ...
4: Familie, sprechen, wohnen, fernsehen ...

2 a Land, Dorf, Wald, Natur, Ruhe, Einfamilienhaus, eigenes Zimmer, erster Stock, Garten, Lieblingsplatz, Keller, Fitnessraum

3 1. Bauernhof; 2. Hochhaus; 3. Zimmer; 4. Stadtzentrum; 5. Reihenhaus – Stadtrand; 6. Nachbarn; 7. Wohnung; 8. Garten

4 1. Wohnzimmer; 2. Esszimmer; 3. Schlafzimmer; 4. Kinderzimmer

5 2. am; 3. in; 4. mit; 5. an; 6. auf; 7. im; 8. im; 9. in; 10. bei

6 bei <u>einem</u> Freund; in <u>einem</u> Café; an <u>einem</u> See; bei <u>einer</u> Freundin; auf <u>einem</u> Schulfest; auf <u>einer</u> Party; an <u>einem</u> Computerplatz; in <u>einer</u> Disko; in <u>einem</u> Musikgeschäft

7 in einem Park / einem Café / einer Disko / – Kaffeehäusern
in dem Park / dem, im Café / der Disko / den Kaffeehäusern

8 START A: einer; E: die – einen; I: der – einen; C: dem – eine; G: die – einer; B: der – ein; D: Das – einen; H: der – eine; F: die – einen; A: der ENDE

9 1 – b; 2 – a; 3 – c; 4 – b; 5 – a; 6 – b; 7 – c; 8 – a

11 a im; Im; bei; ein; mit; am; Das; Am; im; am; im; einen; im; Am; aus; ein; – Musik; im

12 a Natalie Widmer
Rosengässli 4
6003 Luzern
Schweiz

12 b Vorname: Natalie; Nachname: Widmer; Straße und Hausnummer: Rosengässli 4; Postleitzahl: 6003; Ort: Luzern; Land: Schweiz; Telefonnummer: 0041/43/548321; E-Mail-Adresse: nati_widmer@swissonline.ch

13 Regal, Bett, Teppich, Fahnen, Schreibtisch, Schrank, Stuhl, Lampe, Aquarium, Poster
Rafael wohnt in einem <u>Reihenhaus</u>.

14 1. liegt; 2. stehen; 3. steht; 4. sitzt; 5. liegt; 6. stehen; 7. liegt; 8. liegt / steht

16 a+b 1. Wo stehen die Pflanzen in deinem Zimmer? ↘
2. Stehen die Pflanzen am Fenster? ↗
3. Wo liegen die Kissen in deinem Zimmer? ↘
4. Liegen die Kissen auf dem Bett? ↗
5. Wo hängt die Pinnwand in deinem Zimmer? ↘
6. Hängt die Pinnwand über dem Schreibtisch? ↗
7. Wo liegt der Teppich in deinem Zimmer? ↘
8. Liegt der Teppich vor dem Schrank? ↗

18 a Edina: Malkasten, Farbstifte, Schlagzeug; Adam: Videospiele, Handy, Computer;das Baby: Bett, Flasche, Schnuller; Tom und Samuel: Sporttasche, Skateboard, Fahrräder

18 b Das ist Edina und ihr Malkasten, ihre Farbstifte und ihr Schlagzeug.
Das ist Adam und seine Videospiele, sein Handy und sein Computer.
Das ist das Baby und sein Bett, seine Flasche und sein Schnuller.
Das sind Tom und Samuel und ihre Sporttasche, ihr Skateboard und ihre Fahrräder.

19 Adam braucht seine Videospiele, sein Handy, seinen Computer.
Das Baby braucht sein Bett, seine Flasche, seinen Schnuller.
Edina braucht ihren Malkasten, ihre Farbstifte, ihr Schlagzeug.
Tom und Samuel brauchen ihre Sporttasche, ihr Skateboard, ihre Fahrräder.

20 2. Rafik besucht sein|e Tante. (sein: Rafik; -e: die Tante)
3. Ich besuche mein|en Opa. (mein: ich; -en: den Opa)
4. Wann besuchst du dein|e Großeltern? (dein: du; -e: die Großeltern)

21 2. – c; 3. – b; 4. – c; 5. – a; 6. – b; 7. – c; 8 – b

23

Name	Muriel	Benno	Jasmin	Xavier
Alter	15	13	14	16
Hobby	Sport	Billard spielen	chatten, im Internet surfen	Moped fahren
Lieblingsplatz	Fitness-center	Jugend-zentrum	Internetcafé	Dorfplatz
Wohnort (Lage)	Stadtrand	im Zentrum	auf dem Land	an einem Fluss
Haus / Wohnung	Wohnung	Hochhaus	Einfamilien-haus	Bauernhof

Jasmin ist vierzehn Jahre alt und wohnt in einem Einfamilienhaus.

Meine Grammatik

Bestimmter und unbestimmter Artikel

Zum Beispiel:

Wohnt ihr in einer Wohnung? – Ja, die Wohnung ist im 5. Stock.

Hast du ein eigenes Zimmer? – Ja, das Zimmer ist nicht groß, aber ich mag es.

Ist da ein Computer? – Ja, der Computer steht auf dem Schreibtisch.

Lokale Präpositionen

a *Zum Beispiel:* Lilly sitzt zwischen dem Haus und dem Baum und liest.
Molly, die Katze, sitzt hinter dem Baum, ein Vogel sitzt auf dem Baum und singt.
Unter dem Stuhl liegt Cäsar, der Hund, und wartet: Was passiert?
Über dem Baum ist ein Flugzeug.
An dem Haus steht ein Fahrrad.
Vor dem Haus spielen Kinder.
Links neben dem Haus steht ein Auto.
Auf dem Auto liegt ein Paket.
Ein Geburtstagsgeschenk?

b maskulin: in einem Baum / unter dem Baum
neutral: vor einem Haus / neben dem Haus
feminin: in einer Stadt / in der Stadt
Plural: auf Bildern / auf den Bildern

Mein Wortschatz

Ein Gedicht von Heinz Janisch

Was macht die Maus besonders gerne?
Sie schaut in die Ferne.
Denn hinter jeder Wand
ist noch ein Land.

a+b **Wörter suchen**
die Häuser, die Wälder, die Dörfer + die Wörter, die Fahrräder;
die Wände, die Städte, die Flüsse + die Hände, die Ausflüge, die Hüte;
die Fernseher, die Keller, die Zimmer + die Wecker, die Schüler, die Teller, die Schaufenster, die Poster

AB Lektion 10

1 1 das Dorf; 2 der Hund; 3 das Haus; 4 die Katze; 5 die Burg; 6 die Wiese; 7 der Wald; 8 die Kirche; 9 das Geschäft; 10 der Berg; 11 die Blume; 12 der Fluss; 13 der Vogel; 14 der Baum; 15 das Restaurant; 16 der Bauernhof

2 a 1. in den Bergen; 2. es sehr schön; 3. Spaß; 4. auf einem Bauernhof; 5. echt lecker; 6. auf einen Berg; 7. einen Fluss; 8. einen Raftingkurs machen; 9. bis bald; 10. Claudio

2 b *Zum Beispiel:* Liebe Maria, wir sind an einem See auf einem Campingplatz. Es ist wirklich sehr schön hier. Wir schwimmen und wandern. Abends essen wir immer Spagetti. Die sind sehr lecker! Um zwanzig vor elf gehen wir ins Bett, um sieben Uhr morgens stehen wir auf. Bussi, Dein Mario

3 Wo seid ihr? – in Köln / im Stadtpark / in einem Jugendhotel / auf einem Bauerhof / am Bodensee / in der Stadt
Wo schlaft ihr? – in einem Jugendhotel / auf dem Bauerhof
Wo wohnt ihr? – in Köln / in einem Jugendhotel / auf einem Bauernhof / am Bodensee / in der Stadt
Wohin geht ihr? – ins Gasthaus / ans Meer / in die Berge / in die Stadt
Wohin fahrt ihr? – ins Gasthaus / nach Österreich / ans Meer / in die Berge / in die Stadt / nach Stuttgart
Wohin kommt ihr? – ins Gasthaus / nach Österreich / ans Meer / in die Berge / in die Stadt / nach Stuttgart

4 a 2. in; 3. an; 4. im; 5. in; 6. in; 7. auf; 8. auf; 9. nach

4 b 1. Wohin? – Nach Österreich. / In einen Nationalpark.; 2. Wo? – An einem Fluss.; 3. Wo? – In einem Jugendhotel.; 4. Wo? – In einem Gasthaus.; 5. Wohin? – Auf einen Berg.; 6. Wo? – Auf einer Burg.

5 a

Wer?	Wann?	Wohin fahren?	Wo wohnen?	Was machen?
Herr Witt	im Winter	(in die Schweiz)	in einem Berghotel	Schi fahren
Annika	im Frühling	nach Österreich oder nach Bayern	auf dem Bauernhof	wandern
Sascha	im August	an einen Fluss	auf einem Campingplatz	einen Raftingkurs machen
Frau Witt	im Sommer	ans Meer	in einem Familienhotel	schwimmen
Oliver	(im September)	nach München	bei Tante Ulrike	das „Deutsche Museum" besuchen

6 a wandern / klettern / machen / einkaufen / sehen / sammeln / schwimmen / besuchen / gehen / ausgeben / bauen / fahren / erleben / sitzen

6 b In der Natur kann man auf Felsen klettern / im Wald wandern / im Fluss schwimmen / eine Brücke bauen / Steine sammeln / Rad fahren / eine Raftingtour machen / Höhlen besuchen / Wanderungen machen / viele Abenteuer erleben. In der Stadt kann man einen Einkaufsbummel machen / ins Kino gehen / ein Museum besuchen / Inliner fahren / einen Sprachkurs machen / in Geschäften einkaufen / viele Menschen sehen / im Café sitzen / viel Geld ausgeben / viele Abenteuer erleben.

7 1. Steine (Steine leben nicht);
2. Milch (Meer, Fluss, See sind Gewässer);
3. Häuser (Häuser bauen Menschen, Berge, Felsen und Höhlen gibt es in der Natur);
4. Berg (Burg, Kirche, Brücke bauen Menschen, Berge gibt es in der Natur)

8 a 1 + 6: Wo ist unser Zimmer? – Euer Zimmer ist im ersten Stock.
4 + 7: Unsere Betten sind sehr bequem. – Unsere Betten auch.
8 + 3: Hier ist euer Zimmerschlüssel, Zimmer Nr. 11! – Aber unsere Zimmernummer ist 10!
9 + 2: Hängt erst eure Klamotten in den Schrank und kommt dann zum Essen. – Aber unser Zimmer hat nur ein Regal.
10 + 5: Wir suchen unsere Rucksäcke. – Eure Rucksäcke? Die stehen noch unten am Eingang.

9 Unsere; Unser; unsere; eure; euer; deine; dein; mein; deine

11 war; war; hatte; hatte; war; war; war; hatte; war

12 1. Wir haben auf einem Bauernhof gewohnt.; 2. Nina ist ins Wasser gefallen.; 3.Wir sind auf einen Felsen geklettert.; 4. Wir haben abends ein Lagerfeuer gemacht.

13 lesen – liest – gelesen; schlafen – schläft – geschlafen; gehen – geht – gegangen; schreiben – schreibt – geschrieben; essen – isst – gegessen; sehen – sieht – gesehen; fahren – fährt – gefahren

14 Perfekt mit *haben*: lesen, essen, schlafen, malen, schreiben, wohnen, sammeln, sehen, spielen, kaufen;
Perfekt mit *sein*: fahren, kommen, gehen, klettern, reisen, fallen

15 1. bin; 2. haben – habe; 3. habe; 4. habe – Hast; 5. Seid – Habt; 6. sind – hatten

16 1. Wir haben auf einem Bauernhof gewohnt.; 2. Wir sind in den Geopark gefahren.; 3. Ich habe schöne Steine gesammelt.; 4. Wir haben immer Lagerfeuer gemacht. 5. Ich habe viele Grillwürstchen gegessen.; 6. Wir haben ein Reisetagebuch geschrieben.

17

Schreibung von E-Lauten	e	eh	ee	ä
Beispielwörter	lecker	sehr	Beeren	Äpfel

Meine Grammatik

Präteritum von *sein* und *haben*

ich	war		auf Klassenfahrt und	hat	te	viel Spaß.
du	war	st		hat	test	
er / es / sie	war			hat	te	

Perfekt: regelmäßige Verben – unregelmäßige Verben (1)

a regelmäßige Verben:
kaufen – hat gekauft; machen – hat gemacht; spielen – hat gespielt; wandern – ist gewandert; lachen – hat gelacht
unregelmäßige Verben:
fallen – ist gefallen; schlafen – hat geschlafen; sehen – hat gesehen; fahren – ist gefahren; schreiben – hat geschrieben; gehen – ist gegangen

b *Zum Beispiel:*
Aussagesatz: Wir haben auf einem Bauernhof gewohnt. Die Schüler sind auf die Felsen geklettert.
W-Frage: Wer ist ins Wasser gefallen? Wann habt ihr Tischfußball gespielt?
Ja / Nein-Frage: Sind die Schüler spät ins Bett gegangen? Haben sie viele Postkarten geschrieben?

Mein Wortschatz

Diamanten-Gedicht

Zum Beispiel:
Schule
früh, pünktlich
lernen, schreiben, rechnen
Lehrer, Klassenzimmer, Natur, Abenteuer,
spielen, lachen, wandern,
lustig, romantisch
Klassenfahrt

AB Lektion 11

1 1 – d; 2 – e; 3 – a; 4 – b; 5 – c

3 ++: Sehr gut, danke. / Echt super, und dir?
+: Danke, gut.
+/–: Es geht, danke. / Ich bin ein wenig nervös.
–: Nicht so gut. / Ich bin müde.
– –: Ich bin so traurig. / Ich fühle mich sehr schlecht. / Ich fühle mich voll schlapp.

4 gut, müde, schlapp, schlecht, wütend, traurig, nervös, glücklich

5 a Er bewegt sich zu wenig. Wie fühlst du dich jetzt? Jugendliche ernähren sich nicht immer gesund. Wir treffen uns um 8 Uhr vor dem Kino. Heute fühle ich mich gar nicht gut. Fühlt ihr euch gut in München?

5 b 1. ich 2. dich 3. Er 4. uns 5. ihr 6. sich

6 a Wie fühlst du dich heute? –Wo triffst du deine Freunde? – Wie oft bewegst du dich sportlich? – Wie ernährst du dich? / Ernährst du dich gesund?

7 beim Essen; in der Straßenbahn; vor dem Fernseher; am Computer; auf der Toilette; im Auto; in der Badwanne

8 *Zum Beispiel:* 1. Hausaufgaben machen – am Nachmittag zu Hause – Mutter / Schüler; Oder: Vor dem Spiegel im Badezimmer, vor dem Ausgehen; 2. Fußballspiel – auf dem Fußballplatz – Zuschauer / Handyanruf; 3. Beim Arzt – Halsschmerzen – Tablette nehmen

9 Wie lange? einen Tag, eine halbe Stunde, vier Jahre, zehn Minuten, ein Jahr, eine Woche
Wie oft? nie, wöchentlich, jede Woche, jeden Tag, einmal in der Woche, oft

10 Kopf, Augen, Mund, Ohren, Hände, Beine, Füße, Arme, Bauch-Piercing

15 Er schreibt, dass er leider keine Zeit hat. / dass er am Sonntagmorgen ein Fußballspiel hat. / dass wir uns am Montag in der Schule sehen.

16 1. das Brot 2. die Butter 3. die Milch 4. der Tee 5. der Käse 6. die Wurst 7. der Schinken 8. die Salami 9. die Marmelade 10. das Nutella 11. der Honig 12. die Tomate

17 1. der Kakao 2. die Tomate 3. das Brötchen 4. das Ei

18 *Zum Beispiel:* ein Marmeladenbrot, ein Schinkenbrot, ein Wurstbrot, ein Käsebrot, ein Honigbrot; einen Orangensaft, einen Apfelsaft, einen Birnensaft, einen Bananensaft, einen Obstsaft

21 a *Zum Beispiel:*
1. Er soll früh ins Bett gehen. 2. Sie soll sich viel bewegen. / Sie soll viel Obst und Gemüse essen. 3. Sie soll keine Schokolade essen. / Sie soll jeden Morgen joggen. 4. Sie sollen Austauschpartner suchen. / Sie sollen ins Jugendzentrum gehen. 5. Er soll die Deutsche Welle hören. 6. Sie soll Babysitting machen.

21 b 2. Ich soll mich gesund ernähren. 3. Ich soll meine Deutschvokabeln lernen. 3. Ich soll mich nicht so lange duschen. 4. Ich soll nicht so viel telefonieren.

22 a 1. die Banane, der Kakao, die Marmelade, das Nutella, die Orange, die Salami, der Salat, die Spagetti, die Tomate; 2. der Jogurt – der Bananenjogurt, der Salat – der Tomatensalat, das Brötchen – das Marmeladenbrötchen, die Pizza – die Salamipizza

Meine Grammatik

sich-Verben

a Ich fühle mich super. Ich fühle mich etwas schlapp.

b Ich fühle mich sehr gut. Du fühlst dich nicht so gut. Er / Es / Sie fühlt sich schlapp. Wir fühlen uns fit. Ihr fühlt euch schlecht. Sie fühlen sich müde. Sie fühlen sich topfit.

***dass*-Sätze**

Zum Beispiel: Ich finde auch, dass die Jugendlichen zu viel Taschengeld bekommen. Ich finde, dass die Jugendlichen von heute sehr hilfsbereit sind. Ich denke, dass die Jugendlichen zu viel Zeit vor dem Fernseher verbringen.

Mein Wortschatz

Wörterrätsel: Was ist das?

2. a; 3. a; 4. b; 5. b; 6. a

Wörter „zum Essen"

Zum Beispiel: Bananenmilch, Apfeljogurt, Eieromelett, Salamipizza, Schokoladenjogurt, Käsetoast, Butterbrot, Obstsalat, …

AB Lektion 12

1 Hanno: 3, 7, 8; Markus: 2, 4 ; Tamara: Nr. 1, 5, 10 ; Anja: Nr. 6, 9

2 1. Stefan hat eine Sammlung von Bananenaufklebern.
2. Auf den Klebern steht der Bananenname.
3. Nur wenige kennen Stefans Sammlung.
4. Im Moment besitzt er 255 Aufkleber.
5. Die Aufkleber kommen aus über 50 Nationen.
6. Stefan will seine Sammlung schnell vergrößern.

3 der Zuckerwürfel, die Zuckerwürfelsammlung; die Computerspiele, die Computerspiele-sammlung; das Tierposter, die Tierposter-sammlung

4 a Wie heißt du? Was sammelst du? Warum sammelst du Bananenaufkleber? Wie viele Aufkleber hast du schon? Woher kommen die Aufkleber? Warum haben alle Aufkleber eine Nummer? Warum suchst du immer neue Aufkleber? Zeigst du mir deine Sammlung?

5 1. Wer bist du? 2. Wo wohnst du? 3. Was sammelst du? 4. Wie lange sammelst du schon Eisstiele? 5. Wie sind die Eisstiele? 6. Warum bist / stehst du im Guinessbuch der Rekorde? 7. Wie viele Eisstiele hast du? 8. Warum sollen die Leute dir Eisstiele schicken?

6 a *Zum Beispiel:* Kay sammelt Eisstiele, weil er das lustig findet. Der Junge wohnt in Dänemark, weil seine Eltern Dänen sind. Nur wenige Leute kennen Stefans Sammlung, weil er sie nicht oft zeigt. Der Eisstielsammler hat schon 443 Exemplare, weil viele Leute aus der ganzen Welt mithelfen. Christine findet Stefan verrückt, weil er Bananenaufkleber sammelt.
Stefan möchte noch mehr Aufkleber, weil er ins Guinessbuch der Rekorde kommen will / möchte. Kay möchte noch mehr Eisstiele, weil er seine Sammlung vergrößern möchte / will.

6 b Kay sammelt Eisstiele, weil er das lustig findet.
Stefan möchte noch mehr Aufkleber, weil er ins Guinessbuch der Rekorde kommen will.
Kay hat schon 443 Eisstiele, weil viele Leute aus der ganzen Welt mithelfen.

6 c Regel: Im *weil*-Satz steht das konjugierte Verb am Satzende.

8 Benjamin spricht sehr gut Deutsch und Englisch, weil seine Mutter aus Österreich und sein Vater aus Amerika kommt.
Christiane möchte Italienisch lernen, weil sie und ihre Eltern im Sommer immer nach Italien fahren / weil sie mit ihren Eltern im Sommer immer nach Italien fährt.
Felicitas geht heute noch shoppen, weil sie noch ein Geschenk für Lara kaufen muss.
Frau Fischer geht morgen in Rikkis Schule, weil da Elternsprechtag ist.

9 Jasmina hat immer meinen Teddybär dabei, weil er ihr beim Volleyballspielen Glück bringt.
Das Hufeisen bringt ihm Glück, weil es ein Geschenk von seinem Opa ist.
Benjamin hat immer ein Schlüsselband in der Hosentasche. Das bringt ihm Glück, weil es von seiner Fußballmannschaft ist.
Das T-Shirt bringt Lara Glück, weil sie mit dem T-Shirt immer gute Noten bekommt.

10 1. Sie glauben, dass Glücksbringer ihnen Glück bringen und sie vor Krankheiten schützen.
2. Er glaubt, dass seine Geburtskette ihm Kraft beim Spielen gibt.
3. Sie glaubt, dass die Kristalle ihr viel Energie schenken.
4. Er glaubt, dass ihn sein Hund vor Unglück schützt.

11 Nominativ: ich, du er, es, sie, wir, ihr, sie, Sie
Akkusativ: mich, dich, ihn, es, sie, uns, euch, sie, Sie
Dativ: mir, dir, ihm, ihm, ihr, uns, euch, ihnen, Ihnen

12 1. mich 2. mich 3. mich 4. mir 5. mich 6. mir 7. mich 8. mir

13 2. Kann ich Ihnen helfen?; 3. Die Geburtskette gefällt ihm.; 4. Das Hufeisen gehört meinem Freund.; 5. Antworte mir bitte!; 6. Ich danke dir, Katja!

14 1 – d – a; 2 – c – g; 3 – e – b; 4 – f – e; 5 – b – f; 6 – g – c; 7 – a – d

16 a Dem Bruder von Gert – den Glücksbringer; Dem Nachbarskind – das Spiel; Der Musiklehrerin – die CD; Den Schulfreunden – die Ansichtskarten

16 b Dativ Akkusativ
1. Wem schenkst du die Fahne? > Die Fahne schenke ich meinem Bruder.
2. Und was schenkst du deiner Schwester? > Der schenke ich eine Tasche.
3. Und mir? Was gibst du mir? > Dir gebe ich das Poster.
4. Und wem gibst du den Tee und die Orangenmarmeldade? > Den Tee gebe ich Ingo und die Orangenmarmeldade Anne.

17 ungesund; humorlos; ungefährlich; unsportlich; unmusikalisch; fantasielos; unfreundlich; unpünktlich; unmodern

18 Du bist da und ich bin hier. Du bist Pflanze, ich bin Tier. Du bist Riese, ich bin Zwerg. Du bist Tal, und ich bin Berg.	Du bist leicht, und ich bin schwer. Du bist Land, und ich bin Meer. Du bist dunkel, ich bin hell. Du bist langsam, ich bin schnell.

19 4 – die Schüler der 9b; 1 – Jörg; 2 – Dorothea; 5 – ein Lehrer einem Kollegen; 3 – Mutter

20 *Zum Beispiel:* Die Leseratte liest viele Bücher.
Das Mathegenie kann wie Einstein rechnen.
Der Computerfreak sitzt Tag und Nacht am Computer.
Der Italienfan liebt Italien, Nudeln und Espresso. / … fährt oft nach Italien.
Der Musikfreund hört gern Musik.

21 Onkel Frank ist sehr schlank. Er liebt enge Hosen, isst gern Schinken aus Frankreich und trinkt nur Orangensaft. Er ist immer pünktlich, manchmal anstrengend, aber nie langweilig.

Meine Grammatik

Nebensätze mit *weil*

Zum Beispiel:
Ich lerne Deutsch, weil ich Deutschland kennen lernen will.
Ich sammle Fotos von Extremsportlern, weil ich Extremsportler bewundere.
Mein Glücksbringer ist der Schornsteinfeger, weil er allen Leuten Glück bringt.

Artikelwörter im Dativ

Maskulin: Ich schenke de**m** / mein**em** / ein**em** Freund einen Stein.
Neutral: Ich gebe de**m** / mein**em** / ein**em** Nachbarskind ein Kleeblatt.
Feminin: Ich schreibe de**r** / mein**er** / ein**er** Deutschlehrerin eine Ansichtskarte.
Plural: Ich bringe de**n** / mein**en** – Schulkameraden Eisstiele mit.

Kopiervorlagen

Lektion 1

Begrüßung und Verabschiedung in den DACH-Ländern → S. 102

Einstieg: L kopiert die Seite mit der Karte für alle S und macht auch eine Folie davon. L macht die Unterschiede zwischen formellen und informellen Grußformeln klar. L kann die Varianten laut vorlesen, S sprechen nach.
Ablauf: L lässt S durchzählen: 1, 2, 1, 2 … Alle S mit 1 bilden einen Innenkreis, alle S mit 2 einen Außenkreis. S im Innenkreis und im Außenkreis stehen sich gegenüber. L gibt eine Situation vor. S führen die entsprechende Begrüßung und Verabschiedung aus, dann dreht sich der Innenkreis im Uhrzeigersinn um eine Person weiter, sodass jeder S1 einen neuen S2 als Gegenüber hat. Nun wird die Aktivität wiederholt, dann dreht sich der Innenkreis wieder im Uhrzeigersinn. Nach einer oder zwei Wiederholungen gibt L eine neue Situation vor.
Situationen:

- Zwei Jugendliche aus Deutschland treffen sich auf einer Party.
- Zwei Erwachsene aus der Schweiz treffen sich im Supermarkt.
- Zwei Jugendliche aus Österreich treffen sich in der Schule.
- Zwei Erwachsene aus Deutschland treffen sich im Büro.
- Zwei Jugendliche aus der Schweiz treffen sich an der Bushaltestelle.
- Zwei Erwachsene aus Österreich treffen sich an der Kinokasse.

Hinweis: L kann die Situationen in der Muttersprache vorgeben. L kann S auch ermuntern, zwischen der Begrüßung und der Verabschiedung ein wenig „Smalltalk" zu machen.

Steckbriefinformationen → S. 103

Variante 1: L klebt jedem S ein Kärtchen auf den Rücken, sodass dieser den Text nicht sehen kann. S muss durch W-Fragen an andere S so viele Informationen wie möglich über seine Person herausfinden und notieren.
Variante 2: Jeder S bekommt ein Kärtchen und befragt 2–3 andere S, notiert die Antworten und schreibt mithilfe der Informationen kleine Texte.
Hinweis: Als Hilfestellung kann L an der Tafel gemeinsam mit S W-Fragen für Name, Familienname, Beruf, Alter bzw. Geburtsdatum und Hobbys sammeln.

Lektion 2

Memory: Schulsachen → S. 104
Lernstationen → S. 105

L und S richten im Klassenzimmer fünf Arbeitsstationen ein. L schneidet die Aufgaben aus und verteilt sie im Klassenzimmer. Er legt auch verschiedene Arbeitsmittel aus:

- Station 1 und 2: leere Blätter und Stifte
- Station 3: Farbstifte, alte Zeitungen, Schere, Kleber, ein Wörterbuch, Plakate
- Station 4: leere Bingofelder (3x3)
- Station 5: Schere

S bilden Teams und lösen eine Aufgabe. Wenn sie fertig sind, wandern sie zur nächsten Station.

Lektion 3

Würfelspiel: Verbkonjugation → S. 106

L kopiert die Verbkärtchen mehrmals. S arbeiten in GA, jede Gruppe bekommt einen Stapel mit Verben und einen Würfel. L schreibt folgende Regel an die Tafel:
1 = ich, 2 = du, 3 = er / es / sie, 4 = wir, 5 = ihr, 6 = sie (Plural)
Die Kärtchen liegen mit der Schrift nach unten. Der jüngste S beginnt: Er würfelt und deckt das erste Verbkärtchen auf. Nun muss er das Verb entsprechend der Punktezahl des Würfels konjugieren. Wenn S das Verb richtig konjugiert hat, kann er das Kärtchen behalten, wenn nicht, muss er es unter den Stapel legen. Wer die meisten Kärtchen hat, gewinnt. S können mit den Verben natürlich auch Sätze bilden.

Rollenspiel: Geburtstagsparty → S. 107

Situation: Familie Kofler feiert den 14. Geburtstag von Tochter Anna.
Ablauf: S arbeiten in GA mit 8 Personen. S lesen ihre Rollen und klären neue Wörter mit L. Sie verwenden die Informationen in kurzen Gesprächen auf der Party. Sie können natürlich auch eigene Ideen einbringen. Sie proben die Szene mehrmals und spielen sie dann vor.

Lektion 4

Artikelspiel → S. 108

L kopiert die Kärtchen mehrmals. S arbeiten in GA, jede Gruppe bekommt einen Stapel. S1 nimmt ein Kärtchen und sagt das entsprechende Wort mit dem richtigen Artikel. Wenn es richtig ist, darf er das Kärtchen behalten, sonst kommt es wieder zurück in den Stapel.
L kann einen S zum Artikelchef ernennen und ihm ein Lösungsblatt geben.

Hobbys: Wie gut kennen wir uns? ➲ **S. 109**

S arbeiten zu zweit. Zuerst entscheiden sie für sich selbst, welches Hobby sie super, originell, langweilig oder blöd finden. Dann überlegen sie sich, wie ihr Partner / ihre Partnerin die Hobbys findet. In dieser Phase sollten S nicht miteinander sprechen.
S vergleichen und besprechen ihre Selbsteinschätzung bzw. die Einschätzung des Partners / der Partnerin. (Das kann auch in der Muttersprache erfolgen.) Wenn beim Teil A von S1 und beim Teil B von S2 viele Übereinstimmungen zu finden sind, heißt das, dass die beiden sich sehr gut kennen. Das Gleiche gilt natürlich für Teil A S2 und Teil B S1.

Lektion 5

Partnerdiktat ➲ **S. 110**
Eine Zugreise ➲ **S. 111**

S arbeiten zu zweit. L kopiert für jedes Paar die Fahrpläne und die Landkarte. S1 bekommt die erste, S2 die zweite Zugverbindung. Sie befragen sich gegenseitig und zeichnen ihre Fahrtstrecke mit den entsprechenden Zeiten in der Landkarte ein.
L gibt folgende Redemittel an der Tafel an:

- *Wo fährt der Zug ab?*
- *Was ist die erste Station?*
- *Wann kommt der Zug in … an?*
- *Wann fährt der Zug in … ab?*

Zum Abschluss kann L mit S darüber sprechen, welche Informationen S im Fahrplan noch verstehen.

Lektion 6

In einem Wiener Kaffeehaus ➲ **S. 112**

S spielen mit der Speisekarte zu dritt Szenen im Kaffeehaus. Jeder S sollte ein Getränk und eine Speise bestellen. L kann dazu ein Dialoggerüst an der Tafel oder auf einer Folie vorgeben.

Brettspiel ➲ **S. 113**

Lektion 7

Wer-Spiel mit Modalverben ➲ **S. 114**
Schwarzer Peter ➲ **S. 115**

S spielen zu dritt oder zu viert. L kopiert für jede Gruppe einen Stapel Karten. S teilen alle Karten aus. Das Ziel ist, Kartenpaare auf den Tisch zu legen. Wer an der Reihe ist, fragt einen Mitspieler nach dem Wort oben auf der Karte: *Hast du den / das / die …?* Hat er die Karte, muss er sie ihm geben und das Kartenpaar darf abgelegt werden. Hat er die Karte nicht, muss der S, der gefragt hat, eine Karte beim Mitspieler ziehen. Dann kommt der nächste S mit Fragen dran. Wer am Schluss den Schwarzen Peter hat, hat verloren.

Lektion 8

Flohmarkt ➲ **S. 116**
Verb-Staffellauf ➲ **S. 117**

Die Klasse wird in zwei Gruppen geteilt, jede Gruppe bekommt ein Stück Kreide und eine Kopie der Verbliste. Die Tafel wird in zwei Hälften geteilt, jede Gruppe erhält eine Hälfte als Schreibfläche.
L zeichnet auf jede Hälfte folgende Tabelle.

trennbare Verben	nicht trennbare Verben

Beide Gruppen stellen sich ganz hinten in der Klasse auf. Der erste S in jeder Gruppe bekommt die Verbliste und die Kreide, läuft vor zur Tafel und notiert das erste Verb in der seiner Meinung nach richtigen Spalte der Tabelle, dann läuft S zurück und übergibt dem nächsten S in seiner Gruppe die Verbliste und die Kreide usw. Sobald die erste Gruppe fertig ist, wird gestoppt. Dann kontrolliert L gemeinsam mit S die Zuordnung der Verben. Die Gruppe mit den meisten richtigen Verben hat gewonnen.

Lektion 9

Großes Präpositionenspiel ➲ **S. 118**
Eine Statistik auswerten ➲ **S. 119**

Lektion 10

Projekt: Internetrecherche für eine Klassenfahrt ➲ **S. 120**
Natur erleben ➲ **S. 121**

Lektion 11

Wechselspiel: Morgenroutine ➲ **S. 122**
Partnerdiktat: Frühstückstypen ➲ **S. 123**

Ablauf: Zwei S arbeiten zusammen, einer bekommt eine Kopie von Blatt A, der andere von Blatt B. Blatt A enthält Informationen, die auf Blatt B fehlen, und umgekehrt. S diktieren sich gegenseitig die fehlenden Informationen. Am Ende kontrollieren sie ihre Lösung mit den Vorlagen.
Hinweis: Es ist wichtig, dass S nicht einfach ablesen, was auf dem Blatt des Partners steht, sondern durch Hören und Verstehen die Informationen notieren.

Lektion 12

Glücksbringerbingo ➲ **S. 124**
Adjektivmemory mit Gegenteilen ➲ **S. 125**

Kopiervorlagen

Lektion 1 – Begrüßung und Verabschiedung in den DACH-Ländern

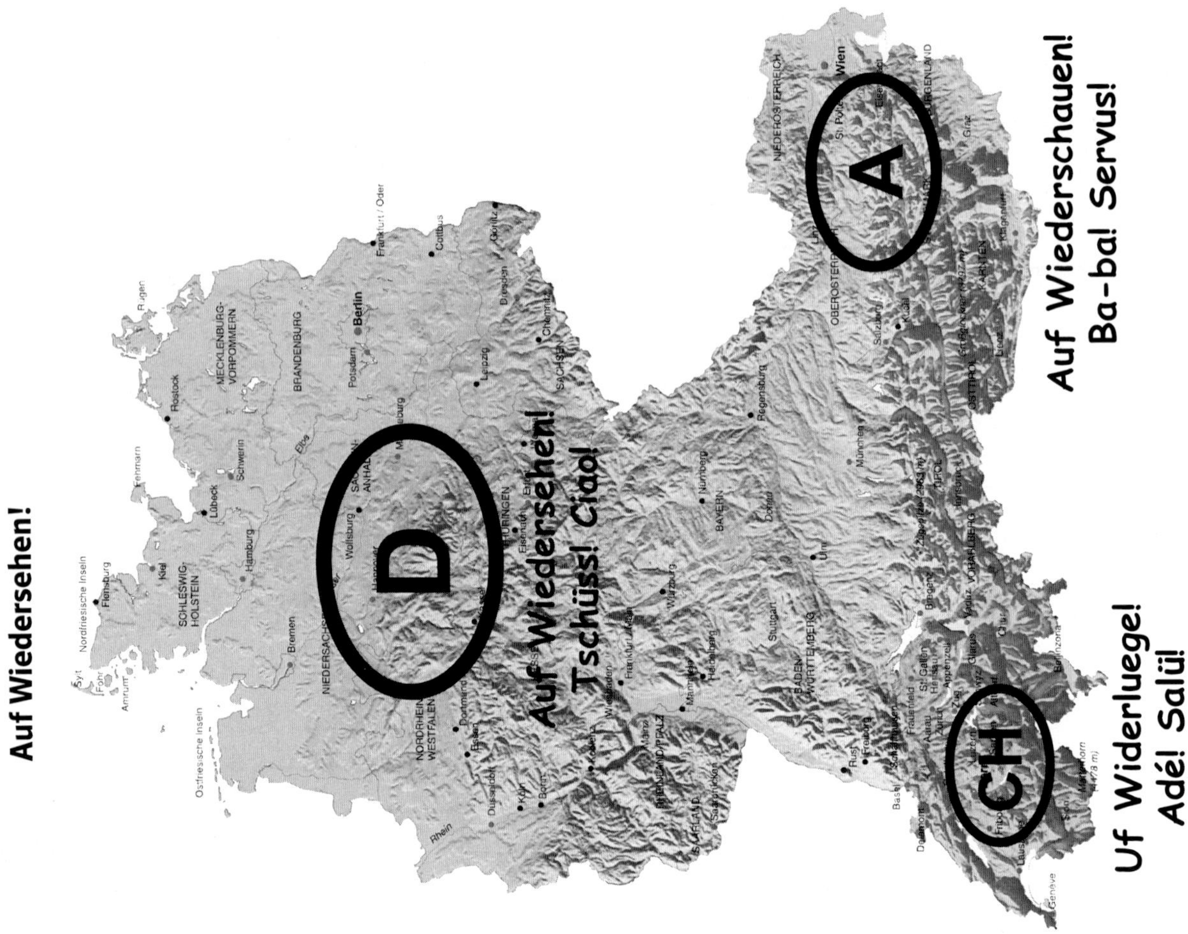

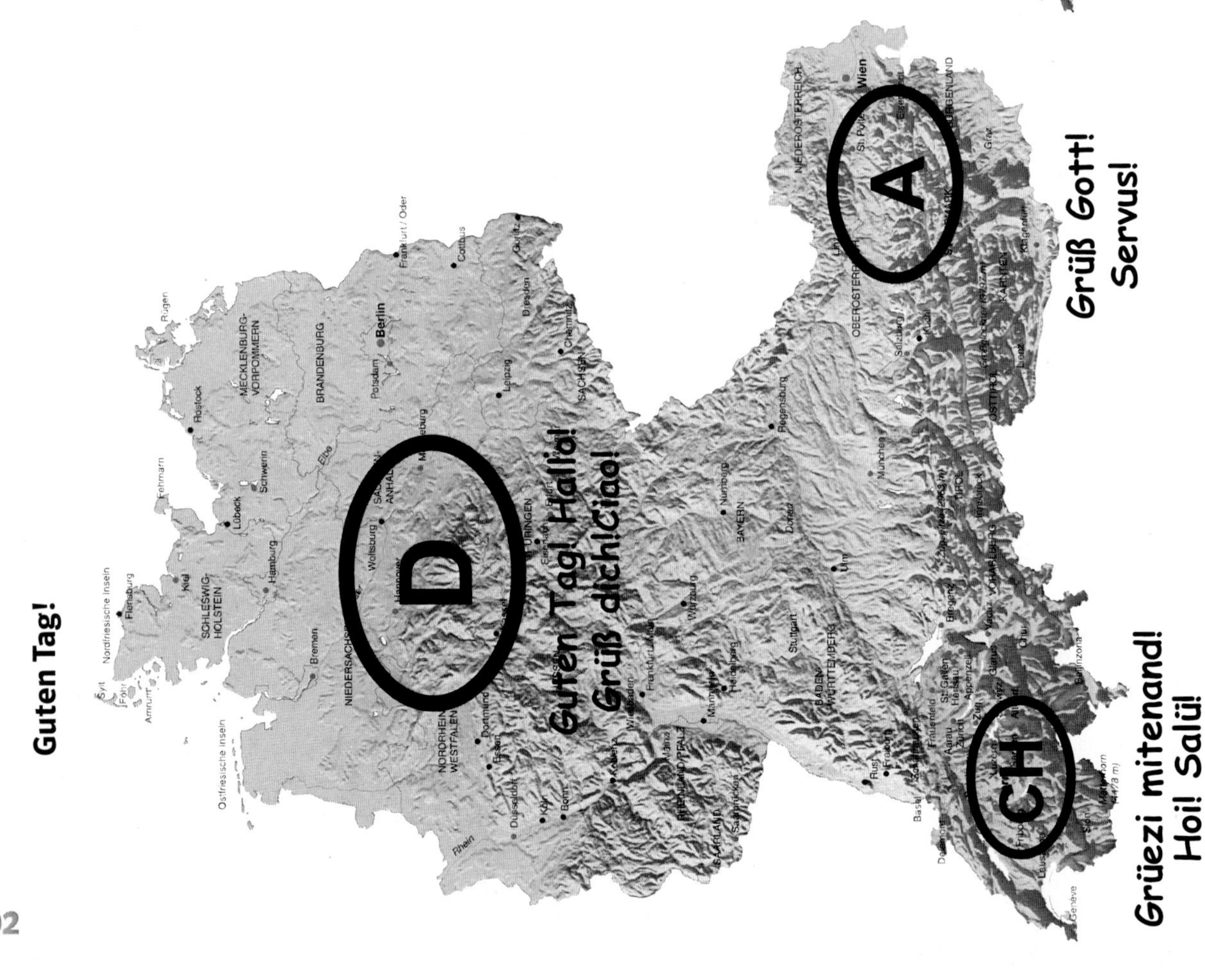

Heinz Janisch
Journalist und Kinderbuchautor
1960 in Wien geboren
Hobbys: malen, lesen, Sprachen

Roger Federer
Tennisspieler
1981 in Basel geboren
Hobbys: Sport (Golf, Fußball, Schi), Musik, Karten spielen

Hermann Maier
Schifahrer
1972 in Österreich geboren
Hobbys: Motorrad, Fußball, klettern, Schitouren machen

Michael Schuhmacher
Rennfahrer
1969 in Deutschland geboren
wohnt in der Schweiz
Hobby: Fußball spielen

Til Schweiger
Schauspieler
1963 in Deutschland geboren
wohnt in Köln
hat vier Kinder

Heidi Klum
Topmodel
1973 in Deutschland geboren
wohnt in New York
Hobbys: tanzen, reisen, malen

Armin Assinger
Moderator
1964 in Österreich geboren
Hobbys: Schi, Golf, Mountainbiking

Christina Stürmer
Sängerin
1982 in Österreich geboren
Hobbys: Volleyball spielen, snowboarden

Heike Makatsch
VIVA-Moderatorin und Schauspielerin
1971 in Düsseldorf geboren
wohnt in Berlin

Thomas Gottschalk
Moderator
1950 in Deutschland geboren
wohnt in Amerika
Hobby: Literatur

Herbert Grönemeyer
Sänger
1956 in Deutschland geboren
wohnt in London
singt auf Deutsch

Campino
Sänger der Band „Die Toten Hosen“
1962 in Deutschland geboren
wohnt in Düsseldorf
Hobbys: Tisch-Eishockey, Musik

Kopiervorlagen

Lektion 2 – Memory: Schulsachen

ein Bleistift	ein Radiergummi	ein Spitzer	ein Geldbeutel
eine Schultasche	ein Handy	ein Heft	eine Schere
ein Lineal	ein Rucksack	eine CD	ein Mikroskop
ein Ordner	ein Mäppchen	ein Marker	ein Wörterbuch

Station 1: Pictionary

Denk an ein Fach, z. B. dein Lieblingsfach, und zeichne alles auf, was zu diesem Fach gehört. Die anderen müssen erraten, um welches Fach es sich handelt.
Wer das Fach errät, darf als Nächstes zeichnen.

Station 2: Was ist in deiner Schultasche?

Schreib 5 Gegenstände auf, die du in deiner Schultasche (oder in deinem Mäppchen) hast. Eines von diesen Dingen soll falsch sein. Die anderen müssen erraten, welches Ding falsch ist.

- ● *In meiner Schultasche ist ein / eine …*
- ○ *Nein, in deiner Schultasche ist kein / keine …*
- ○ *Ja, das ist richtig.*
- ○ *Nein, das ist falsch.*

Station 3: Unser Lieblingsfach

Wer das gleiche Lieblingsfach hat, arbeitet zusammen. Macht ein Plakat zu eurem Lieblingsfach. Ihr könnt schreiben, malen, kleben. Hängt zum Schluss euer Plakat auf. Die nächste Gruppe kann neue Plakate zu anderen Fächern machen oder die Plakate der anderen ergänzen.

Station 4: Bingo

Jeder wählt 6 Wörter aus der Liste und schreibt sie in sein Bingofeld. Einer liest aus der Liste die Wörter vor und streicht das vorgelesene Wort durch. Die anderen hören zu und streichen das gehörte Wort auf ihren Bingofeldern durch. Wer zuerst alle Wörter durchgestrichen hat, gewinnt.

Chemielabor • Klassenzimmer • Fußballplatz
Computerraum • Theatergruppe • Mensa
Experiment • Kakao • Landkarte • Sport
Deutsch • Kreide • Italienisch • Geschichte
Mathematik • Religion • Englisch • Geografie
Biologie • Kunst • Physik • Stundenplan
Sitzplatz • Taschenrechner

Station 5: Verbpantomime

Schneidet die Kärtchen aus und legt sie verdeckt auf den Tisch. Der Jüngste im Team zieht ein Kärtchen und stellt das Wort pantomimisch dar. Wer das Wort errät, zieht die nächste Karte.

rechnen	zeichnen	spielen	lernen	turnen
malen	singen	schreiben	tanzen	hören
kommen	suchen	finden	trinken	schwimmen

Lektion 3 – Würfelspiel: Verbkonjugation

finden	sitzen	kommen	addieren
hören	tanzen	suchen	singen
lernen	turnen	haben	sein
machen	zeichnen	heißen	gehen
malen	telefonieren	chatten	spielen
rechnen	sagen	schicken	finden
schreiben	wohnen	trinken	leben

Mutter, Susanne

Hausfrau
42 Jahre
Sie macht Kaffee und Kakao.
Sie hat ein bisschen Stress.

Vater, Gerhard

Bankangestellter
45 Jahre
Er arbeitet viel.
Er und seine Frau schenken Anna ein neues Fahrrad.

Anna, Geburtstagskind

Sie feiert ihren 14. Geburtstag.
Anna ist sehr sportlich.
Sie spielt Volleyball und schwimmt.
Sie findet ihren kleinen Bruder blöd.
Sie möchte mit dem neuen Fahrrad fahren.

Martin

Bruder von Anna
11 Jahre
Er möchte auch ein Geschenk bekommen.
Er möchte die Erdbeertorte probieren.
Er möchte mit Onkel Fritz ein Computerspiel machen.

Tante, Petra

Schwester von der Mutter
45 Jahre
Opernsängerin
Sie malt sehr gern. Ihr Geschenk für Anna ist ein Bild.

Onkel, Fritz

Mann von Tante Petra
48 Jahre
Mathematiklehrer
Er schenkt Anna einen Taschenrechner.

Birgit

Kusine von Anna (Tochter von Tante Petra und Onkel Fritz)
16 Jahre
Sie singt gern und spielt Gitarre.
Birgit und Anna sind gute Freundinnen.
Sie schenkt Anna eine CD.

Großmutter, Marta

Mutter von Vater
Sie wohnt mit der Familie zusammen.
Sie macht eine Erdbeertorte.
Sie schenkt Anna neue Turnschuhe.

Lektion 4 – Artikelspiel

Lektion 4 – Hobbys: Wie gut kennen wir uns?

A

Ich finde ...				
	super	**originell**	**langweilig**	**blöd**
tanzen				
Musik hören				
malen				
E-Mails schreiben				
schwimmen				
singen				
Basketball spielen				
chatten				
Aerobic machen				
Bücher lesen				
Fahrrad fahren				
klettern				
Filme sehen				
Schlittschuh laufen				
Theater spielen				
schlafen				

B

Ich glaube, mein Partner / meine Partnerin findet ...				
	super	**originell**	**langweilig**	**blöd**
tanzen				
Musik hören				
malen				
E-Mails schreiben				
schwimmen				
singen				
Basketball spielen				
chatten				
Aerobic machen				
Bücher lesen				
Fahrrad fahren				
klettern				
Filme sehen				
Schlittschuh laufen				
Theater spielen				
schlafen				

Lektion 5 – Partnerdiktat: Ein ganz normaler Tag von Familie Wallmann

Ergänze den Tagesablauf. Frag deinen Partner / deine Partnerin: *Was ist um 6 Uhr 30? / Was passiert um 6 Uhr?* Kontrolliert dann gegenseitig eure Lösung.

A

6.30 Uhr: ______________________________
6.45 Uhr: Herr Wallmann macht das Frühstück.
6.50 Uhr: ______________________________
7.10 Uhr: Familie Wallmann frühstückt.
7.40 Uhr: ______________________________
8.00 Uhr: Die Schule fängt an.
9.00 Uhr: ______________________________
11.00 Uhr: Anna hört gut zu.
12.40 Uhr: ______________________________
12.50 Uhr: Frau Wallmann und die Kinder essen zu Mittag.
14.00 Uhr: ______________________________
14.30 Uhr: Anna lernt Vokabeln.
15.00 Uhr: ______________________________
15.20 Uhr: Anna geht in die Klavierstunde.
16.30 Uhr: ______________________________
19.30 Uhr: Herr Wallmann kommt spät nach Hause.
19.40 Uhr: ______________________________
20.30 Uhr: Anna und Michael sehen fern.
22.00 Uhr: ______________________________
22.30 Uhr: Frau Wallmann liest einen Krimi.
23.30 Uhr: ______________________________

B

6.30 Uhr: Herr und Frau Wallmann stehen auf.
6.45 Uhr: ______________________________
6.50 Uhr: Frau Wallmann weckt die Kinder.
7.10 Uhr: ______________________________
7.40 Uhr: Anna und Michael gehen in die Schule.
8.00 Uhr: ______________________________
9.00 Uhr: Michael liest die Hausaufgaben vor.
11.00 Uhr: ______________________________
12.40 Uhr: Die Kinder kommen nach Hause.
12.50 Uhr: ______________________________
14.00 Uhr: Michael macht seine Hausaufgaben.
14.30 Uhr: ______________________________
15.00 Uhr: Frau Wallmann surft im Internet.
15.20 Uhr: ______________________________
16.30 Uhr: Michael macht Kung-Fu.
19.30 Uhr: ______________________________
19.40 Uhr: Die Familie isst zu Abend.
20.30 Uhr: ______________________________
22.00 Uhr: Die Kinder gehen schlafen.
22.30 Uhr: ______________________________
23.30 Uhr: Auch Herr und Frau Wallmann schlafen.

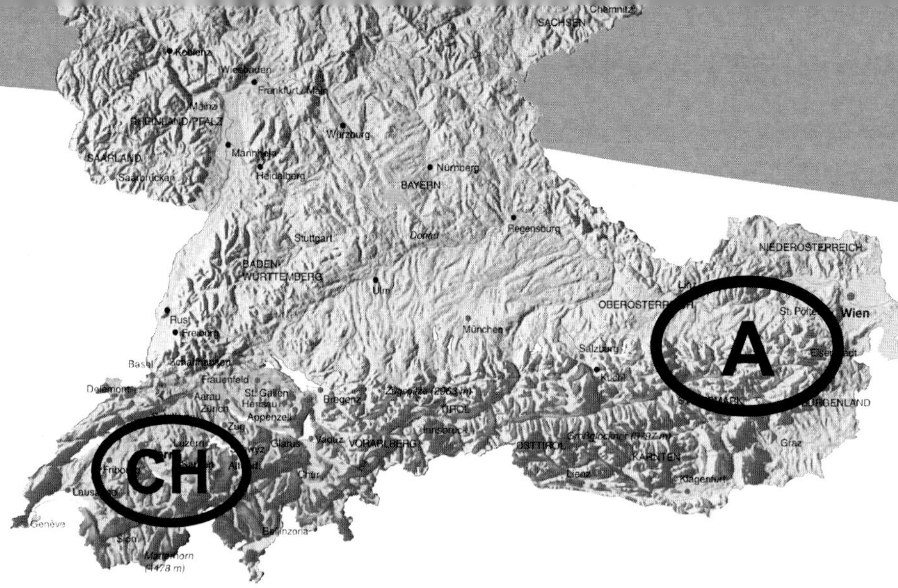

A
Zugverbindung von Geneve (CH) nach München (D)

Geneve	30.11.05		14:14	4	IC 531	InterCity Fahrradmitnahme reservierungspflichtig, Fahrradmitnahme begrenzt möglich, Bordrestaurant
Zürich HB		16:56		11		
Zürich HB			17:05	12	ICE 182	InterCityExpress in der Schweiz Nichtraucherzug, Bordrestaurant
Stuttgart Hbf		19:56		5		
Stuttgart Hbf			20:12	15	ICE 613	InterCityExpress Bordbistro
München Hbf		22:34		14		
Dauer: 8:20						

Ank. = Ankunft; Abf. = Abfahrt; HB / Hbf = Hauptbahnhof

B
Zugverbindung von Salzburg (A) nach Frankfurt am Main (D)

Salzburg Hbf	26.06.07		07:53	21	IC 2390	InterCity Fahrradmitnahme reservierungspflichtig; Fahrradmitnahme begrenzt möglich
München Hbf		09:34		13		
München Hbf			09:44	15	ICE 880	InterCityExpress Zuschlagpflicht; BordRestaurant
Nürnberg Hbf		11:29		6		
Nürnberg Hbf			11:35	7	IC 2026	InterCity Fahrradmitnahme reservierungspflichtig; Fahrradmitnahme begrenzt möglich; BordRestaurant
Frankfurt(Main)Hbf		13:39		6		
Dauer: 5:46						

Ank. = Ankunft; Abf. = Abfahrt; HB / Hbf = Hauptbahnhof

Café Restaurant Schottenring

1010 Wien, Schottenring 19, täglich geöffnet
Montag bis Freitag 6:30 - 23:00
Samstag, Sonntag und Feiertag 8:00 - 21:00
Tel: +43 1 315 33 43, Fax: +43 1 315 33 44

Alkoholfreie Getränke

Gasteiner Mineralwasser	2,20
Naturtrüber Apfelsaft	2,50
Soda Zitrone, Soda Himbeer	1,90
Sodawasser	1,60
Apfelsaft, Orangensaft gespritzt	1,90
Apfelsaft, Orangensaft	2,20

Wiener Kaffeehausspezialitäten

Kleiner Brauner oder Mocca	2,10
Großer Brauner oder Mocca	3,20
Wiener Melange	2,95
Jumbo Kaffee *Riesentasse Kaffee mit viel Milch und Schlagobers*	3,60
Milchkaffee *Verlängerter Kaffee mit viel Milch und Milchschaum, im Glas serviert*	3,10
Kapuziner *kleine Schale schwarzer Kaffee mit 1 Tropfen Obers*	2,95
Einspänner *Schwarzer Kaffee im Glas mit Schlagobers, darüber Staubzucker gestreut*	2,95
Wiener Eiskaffee *kalter schwarzer Kaffee im Glas mit Vanille-Eis und Schlagobers*	3,90

Salate & Kleine Speisen

Salatplatte mit gekochtem Ei	5,60
Bunter Salatteller mit Schafskäse und Oliven, oder Schinken und Ei	6,20
Mozzarella mit Tomaten und frischem Basilikum	5,50
Sacherwürstel mit Gulaschsaft	5,90
Schinken-Käse-Toast	3,30
Pikante Gulaschsuppe serviert im Suppentopf	4,20
Alt Wiener Suppentopf mit Gemüse, Rindfleisch, Nudeln und Grießnockerl	4,95

Süßes

Sachertorte	3,00
Marmorgugelhupf	1,90
Marmelade-Palatschinken (2 Stück)	3,70
Frischer warmer Apfelstrudel	2,80
Eisschokolade *Gekühlte Trinkschokolade mit Vanilleeis und Schlagobers*	3,35
Eiscreme Soda *Himbeer-Soda mit fruchtigem Zitroneneis*	3,50
Coupe Dänemark *Köstliches Vanilleeis mit warmer Schokosauce und Schlagobers*	4,75
Bananensplit *Cremiges Vanilleeis und Bananenhälften, garniert mit Mandelsplittern, Schokosauce und Schlagobers*	4,75

Lektion 6: Brettspiel

Nehmt einen Würfel, setzt eure Spielfigur auf das Startfeld und würfelt los. Auf jedem Feld müsst ihr eine Frage beantworten. Wer nicht richtig antwortet, muss drei Felder zurückgehen. Auf den grauen Feldern müsst ihr Pantomime machen oder etwas zeichnen, die anderen müssen die Wörter erraten.

START	1. Wie viele Geschwister hast du?	2. Konjugiere das Verb „sprechen".	3. Was ist dein Lieblingsfach?
7. Nenne 4 Dinge in deiner Schultasche.	6. Was möchtest du am Wochenende machen?	5. Konjugiere das Verb „fahren".	4. Wie alt bist du?
8. Was ist dein Lieblingsessen?	9. Nenne 5 Schulfächer.	10. Was machst du gern?	11. Wann gehst du schlafen?
15. Wie findest du Mathematik?	14. Buchstabiere deinen Familiennamen.	13. Was machst du in der Pause?	12. Wann machst du die Hausaufgaben?
16. Was ist deine Augenfarbe?	17. Was findest du toll?	18. Nenne 5 Farben.	19. Wie ist deine Telefonnummer?
23. Was machst du am Nachmittag?	22. Nenne 4 Wörter mit einem -s im Plural.	21. Was musst du zu Hause machen?	20. Dein deutscher Freund hat Geburtstag: Gratuliere ihm!
24. Wann stehst du auf?	25. Wann siehst du fern?	26. Wann hast du Geografie?	27. Nenne 5 Kleidungsstücke.
31. Bestell ein Getränk im Café.	30. Was gibt es im Eiscafé? Nenne 3 Dinge.	29. Welche Hobbys hast du?	28. Welche Kleidung trägst du heute?
32. Konjugiere das Verb "müssen".	33. Was darfst du nicht machen?	34. Zähl bis 20.	ZIEL

Lektion 7: Wer-Spiel mit Modalverben

Geht in der Klasse herum und stellt den anderen die Fragen von der Liste (z.B. *Willst du am Wochenende ins Kino gehen?*) Ihr müsst so lange suchen, bis jemand mit Ja antwortet. Tragt den Namen dann in die Liste ein.

Wer ......?

.... kann am Wochenende bis 11 Uhr schlafen.

.... kann zu Hause im Internet surfen.

.... kann heute Nachmittag Fußball spielen.

.... will am Wochenende ins Kino gehen.

.... will heute Abend Freunde anrufen.

.... will nach England fahren.

.... will zu Hause Internet haben.

.... muss das eigene Zimmer aufräumen.

.... muss heute Nachmittag lernen.

.... muss am Wochenende zu Hause bleiben.

.... muss im Haushalt mithelfen.

.... darf Freunde mit nach Hause bringen.

.... darf am Wochenende in die Disko gehen.

.... darf täglich 3 Stunden fernsehen.

.... möchte nach Deutschland fahren.

.... möchte einen eigenen Computer haben.

.... möchte gern mehr Taschengeld bekommen.

.... möchte eine große Geburtstagsparty machen.

.... möchte nach der Schule ein Eis essen.

Lektion 7: Schwarzer Peter

Geld

Geldbeutel

Sessel

Regal

Rock

Pullover

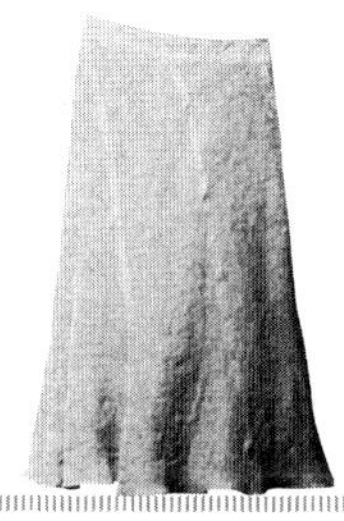

Klavier

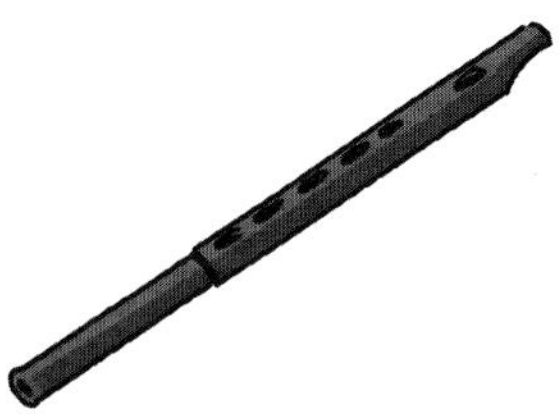

Flöte

Handy

CD

Orangensaft

Eiskaffee

Morgen

Abend

Sommer

Winter

Fahrrad

Schlittschuh

Lektion 8 – Flohmarkt

Du bist Käufer, dein Partner / deine Partnerin ist Verkäufer. Wähl eine interessante Anzeige aus und ruf an. Frag nach dem Produkt, dem Preis, dem Zustand, der Adresse usw. und mach einen Termin für die Abholung. Tauscht dann die Rollen.

Mädchenfahrrad blau,
20 Gänge, breite Reifen.
Tel. 328 64 40

Hochbett: Ikea (Tromsö, Metall) 147 x 210, neuwertig. Neu: 199 Euro
Verkaufspreis: 100 Euro.
Tel. 0699/19 46 91 00

**Kühlschrank (AEG) 50 Euro und Geschirrspüler (Siemens) 200 Euro wegen Umzug zu verkaufen.
Tel. 0699/ 19 41 56 97**

Alte Knöpfe, Ansichtskarten, CDs, Spielsachen, Modeschmuck zu verkaufen. Tel. 0676 / 750 90 44

Honda CB 500, Baujahr 1999, 1200 km, silber, 2. Besitz, 1A-Zustand
Verkaufspreis: 3000 Euro. Tel. 332 97 67

Computer- oder Druckertisch Anton (Ikea), Birke, 46 x 50 cm, 63 hoch, neuwertig, 30 Euro, Wien, Tel. 0699/ 17 67 06 06

Simpson-Comics, Nr. 33–78 inklusive Extras, Einzelhefte und komplette Jahrgänge. 1,50 Euro pro Stück.
Tel. 0699/ 798 22 42

Encarta Enzyklopädie 2005
originalverpackt, statt Neupreis 129 Euro für 90 Euro zu verkaufen.
Tel. 0699/ 10 00 82 22

Schreibtisch, Interio, weiß 180 x 60 mit Rollboy, 3 Laden und Regisseursessel, 7 Jahre alt, 40 Euro. Tel. 924 31 15.
Bitte öfter probieren.

Kostbar: Meyers Konversationslexikon 1896, Scott Snowboard + Bindung Euro 200, Softboots (Größe 39) Euro 50, Lewis (Größe 34) neu! Euro 35, ab 20 Uhr: Tel. 966 48 90

Volkswagen Golf, Baujahr 1985, 44kw garagengepflegt, nur 120.000 km, rot
Verkaufsbasis: 500 Euro. Tel. 216 79 67

Funktionstüchtiger Monitor, Sony Trinitron 17 Zoll bei Selbstabholung zu verschenken. E-Mail: 0803@utanet.at

PC Intel Pentium R (II) NT Workstation 4.00 und Hp Deskjet 400 Drucker, 100 Euro. Tel. 099 756 35 62

Kinderspielzeug günstig! Gut erhalten und teilweise neuwertig. Bücher, CDs, Kassetten, Stofftiere, Spiele, Videos. Tel. 12 35 57 11

**50 CDs (Rock, Songwriter, Country) für 100 Euro abzugeben.
Tel. 576 37 94**

Kochbuch (grüne Erde), original verpackt, zu verkaufen. Preis nach Vereinbarung.
Tel. 0699/ 10 00 82 00

Verschenke Baby-Katzen! Schwarz oder schwarz-weiß, sehr lebendig und verspielt.
Tel. 0676/253 98 52

Handy: graues Nokia 3330 B-free inclusive Netzadaptor, 8 Euro Guthaben, eineinhalb Jahre alt, sehr gut erhalten, für 30 Euro abzugeben. Wilma. Tel. 0650/ 545 99 09

1. mithelfen
2. gefallen
3. erleben
4. anziehen
5. zuhören
6. verschwinden
7. mitmachen
8. einladen
9. verschicken
10. erzählen
11. ausgeben
12. besuchen
13. ergänzen
14. aufführen
15. mitbringen
16. verstehen
17. anfangen
18. bezahlen
19. gewinnen
20. aufsagen
21. begründen
22. annehmen
23. verbringen
24. einkaufen
25. zuordnen
26. vergessen
27. antworten
28. vorspielen
29. bekommen
30. abkühlen

Kopiervorlagen

Lektion 9 – Großes Präpositionenspiel

Nehmt einen Würfel und setzt eure Spielfigur auf das Startfeld. Würfelt und bildet einen Satz mit der Präposition oder mit dem Symbol auf dem Feld. Die Fragen müsst ihr beantworten. Ihr müsst nicht die Wahrheit sagen.☺ Jeder Satz darf nur einmal vorkommen und in jedem Satz muss eine Präposition sein. Auf den Zahlenfeldern müsst ihr vor- oder zurückgehen.

START

auf

Was ist unter deinem Schreibtisch?

+ 1

- 1

vor

Was ist in deinem Zimmer?

an

Was hängt an der Wand?

+ 1

neben

Was ist hinter der Schule?

- 1

über

+ 2

Was ist neben dir?

in

- 1

hinter

- 1

unter

+ 1

Was ist vor deinem Fenster?

- 1

zwischen

Was ist über deinem Bett?

- 2

ZIEL

Lektion 9 – Eine Statistik auswerten

Die neueste österreichische Untersuchung zum Thema Freizeitgestaltung Jugendlicher in Österreich (Fessel&GfK) zeigt folgende Ergebnisse für Jugendliche zwischen 14 und 17 Jahren. Alle Angaben sind in Prozent.

	(sehr) häufig	oft	selten	nie
Ausgehen				
ausgehen (Lokale/Cafés)	26	42	27	5
Partys, Feste	11	38	41	9
Discotheken	13	28	37	21
Kino	7	32	53	8
Konzerte	3	13	52	31
Raves, Clubbings	3	9	29	58
Soziale Kontakte				
mit Freunden etwas unternehmen	48	41	9	1
mit Freunden diskutieren	27	47	22	4
telefonieren	28	40	28	3
neue Leute kennen lernen	13	45	38	3
mit dem Partner zusammen sein	34	8	17	25
sich mit Kindern/Geschwistern beschäftigen	11	32	37	19
mit Eltern etwas unternehmen	3	26	54	16
Medien				
Musik hören	63	31	5	1
Fernsehen, Videofilme	27	46	24	2
Zeitschriften lesen / durchblättern	19	51	25	5
Bücher lesen	14	29	36	21
Videospiele	5	12	28	54
Computer				
mit dem Computer arbeiten	15	19	23	42
Computerspiele	9	16	31	43
im Internet surfen	2	6	11	81
Kultur				
Kurse, Vorträge	3	10	34	52
Ausstellungen, Museen	1	6	43	49
Theater, Oper	1	4	26	69
Ausflüge/Reisen				
Spaziergänge, Ausflüge	9	37	45	9
Reisen	4	27	54	15
Körpergefühl				
selbst Sport betreiben	22	30	36	12
Styling, Outfit, Körperpflege	32	41	21	5
ausruhen, relaxen, faulenzen	22	44	31	3
Shopping				
Shopping, Einkaufsbummel	~ 12	40	44	5
Häusliches				
Hausarbeit	15	28	40	17
sich mit Tieren beschäftigen	21	24	30	24
Hobbys	16	27	30	27
Gesellschaftsspiele	3	22	52	23
lernen	20	28	31	21

Setzt euch in Gruppen zusammen und teilt die Bereiche untereinander auf. Jeder wertet seinen Bereich aus und stellt ihn vor. Folgende Redemittel helfen euch:

Die meisten Jugendlichen … / Viele Jugendliche …
Circa die Hälfte der Jugendlichen … *(50% = die Hälfte)*
Circa ein Drittel / zwei Drittel … *(33% = ein Drittel)*
Circa ein Viertel / drei Viertel … *(25% = ein Viertel)*
27% der Jugendlichen in Österreich …
Nur ganz wenige Jugendliche …

Quelle Statistik:
SPECTRA Marktforschungsgesellschaft m.b.H. und Jugendkultur.at, Institut für Jugendkulturforschung und Kulturvermittlung

Lektion 10 – Projekt: Internetrecherche für eine Klassenfahrt

1. Vorbereitung

Bildet Teams und überlegt, was für eine Klassenfahrt ihr machen möchtet.

- Wohin wollt ihr gern fahren? (DACH)
- Was wollt ihr dort machen? (Sport, Kultur, Natur, Sehenswürdigkeiten, …)
- Wo wollt ihr wohnen?
- Wann und wie lange wollt ihr fahren?
- …

2. Recherche

Sucht mithilfe der angegebenen Internetseiten ein Angebot, das euren Wünschen entspricht. Notiert euch folgende Informationen:

- Reiseziel (Was ist typisch für diese Region?)
- Unterkunft (Wo? Wie sind die Zimmer?)
- Verpflegung (Halbpension, Vollpension, nur Frühstück?)
- Reisezeit (Wann? Wie lange?)
- Gruppengröße
- Programm (vormittags, nachmittags, abends? Schlechtwetterprogramm?)
- Was kann man dort sonst noch machen?
- …

3. Informationen festhalten

Stellt die Informationen für die anderen zusammen. Ihr könnt schreiben, zeichnen, Bilder zeigen, ein Plakat gestalten usw.

4. Präsentation

Stellt eure Reise den anderen Gruppen vor.
Welche Reise hat euch am besten gefallen? Welche Reise könntet ihr wirklich machen?

Internetadressen

D, A

www.klassenfahrt.net

www.klassenfahrten-magazin.de

www.urlaub-reise-portal.de/reiseziele/jugendreisen

D

www.juniorexpress.de

D, A, CH

www.prisma-club.de

www.jupiter-tours.de/klassenfahrten

www.urlaub-anbieter.com

www.luego.de

www.herole.de

A

www.youngaustria.at

www.wolfgangsee.at

www.salzburg.at

Lektion 10 – Natur erleben

1. Mach die Augen zu und denk an deinen letzten Spaziergang durch die Natur.

2. Ordne die Wörter aus der Wolke zu und ergänze eigene Beispiele. Du kannst auch ein Wörterbuch benutzen.

Erde
Wald Blume
Stein Wasser Wiese
Höhle See Eis Kirche
Tier Pflanze
Feuer
Berg ...

ich höre ...	ich rieche ...	ich fühle ...	ich sehe ...

3. Wo warst du? Erzähl eine Geschichte oder schreib einen kleinen Text mit den Wörtern.

Lektion 11 – Wechselspiel: Morgenroutine

Partner A

Frag deinen Partner / deine Partnerin nach den fehlenden Informationen und notiere sie bitte. Gib auch deinem Partner / deiner Partnerin die Informationen, die er / sie nicht hat.
Zum Beispiel: *Was macht … zuerst / als Zweites / als Drittes / zum Schluss?*

Sabine:
1. Wecker ausmachen
2. ....
3. ....
4. Radio hören

Martin:
1. ....
2. sich waschen
3. ....
4. Pausenbrot machen

Karin:
1. Kaffee trinken
2. ....
3. sich schön machen
4. ....

Andrea:
1. ....
2. Yoga machen
3. unter der Dusche singen
4. ....

Stefan:
1. ....
2. ....
3. Kakao trinken
4. sich die Zähne putzen

Anna:
1. ....
2. sich die Haare waschen
3. frühstücken
4. ....

Peter:
1. Brille putzen
2. den Terminkalender kontrollieren
3. ....
4. ....

Monika:
1. Morgengymnastik machen
2. ....
3. ....
4. Müsli essen

Thomas:
1. ....
2. ....
3. frühstücken
4. ins Büro gehen

Partner B

Frag deinen Partner / deine Partnerin nach den fehlenden Informationen und notiere sie bitte. Gib auch deinem Partner / deiner Partnerin die Informationen, die er / sie nicht hat.
Zum Beispiel: *Was macht … zuerst / als Zweites / als Drittes / zum Schluss?*

Sabine:
1. ....
2. sich kalt duschen
3. sich anziehen
4. ....

Martin:
1. joggen
2. ....
3. frühstücken
4. ....

Karin:
1. ....
2. Zeitung lesen
3. ....
4. zur U-Bahn gehen

Andrea:
1. aufstehen
2. ....
3. ....
4. Nachrichten hören

Stefan:
1. Schultasche packen
2. E-Mails lesen
3. ....
4. ....

Anna:
1. die Lieblings-CD hören
2. ....
3. ....
4. Pausenbrot einpacken

Peter:
1. ....
2. ....
3. Kaffee kochen
4. eine Zigarette rauchen

Monika:
1. ....
2. sich anziehen
3. Obstsaft trinken
4. ....

Thomas:
1. sich waschen
2. frische Brötchen holen
3. ....
4. ....

Lektion 11 – Partnerdiktat: Frühstückstypen

Partner A

Sabine, 17: .... und eine Schüssel Müsli mit Jogurt, aber ohne Zucker. ....
....
manchmal Bananen, Äpfel und Orangen und machen ein richtiges Früchtemüsli. ....

Thomas, 16: Ich frühstücke ganz normal. Eine Tasse Kaffee mit viel Zucker und Milch, ...
.... Mamas selbst gemachte Orangenmarmelade. Manchmal esse ich auch
....

Georg, 15: ....
Vollkornbrot mit Käse, etwas Schinken oder Marmelade. Am liebsten mag ich ....
....
...., dann esse ich auch Cornflakes mit Milch oder Jogurt. Manchmal gibt es dann auch ....

Andrea, 13: Ich brauche jeden Morgen 10 Minuten für mein Frühstück. Meine Mutter................................,
....,
aber nicht für mich, ich mag nämlich keinen Kaffee, ich trinke eine Tasse heiße ....
.... einen Apfel mit in die Schule. Am Sonntag stehen wir alle spät auf und frühstücken gemütlich, da gibt es ....

Partner B

Sabine, 17: Ich esse zum Frühstück ein Toastbrot mit Butter und Erdbeermarmelade ....
.... Dazu trinke ich eine Tasse Kaffee mit Milch und ein Glas Wasser. Am Wochenende schneiden wir ....
.... Das ist lecker und gesund.

Thomas, 16: ...., dazu Schwarzbrot mit Butter, Nutella oder Marmelade. Am liebsten mag ich ....
....
.... ein Ei, meistens am Wochenende.

Georg, 15: Ich brauche nicht so viel Zeit für mein Frühstück. Ich esse ....
....
eine Tasse Schwarztee mit Honig. Am Sonntag stehe ich nicht so früh auf, ...
.... frischen Orangensaft.

Andrea, 13: .... steht als Erste auf und macht mir ein Vollkornbrot mit Käse. Dann kocht sie Kaffee, ...
Milch. Morgens esse ich kein Obst, aber ich nehme ....
.... immer frische Brötchen.

Kopiervorlagen

Lektion 12 – Glücksbringerbingo

a Geh in der Klasse herum und frag deine Klassenkameraden nach ihren Glücksbringern. Notiere Namen und Grund. Wer vier in einer Reihe hat, ruft BINGO.

Name? ....
Warum? ....
....

Name? ....
Warum? ....
....

Name? ....
Warum? ....
....

Name? ....
Warum? ....
....

Name? ....
Warum? ....
....

Name? ....
Warum? ....
....

Name? ....
Warum? ....
....

13

Name? ....
Warum? ....
....

Name? ....
Warum? ....
....

Name? ....
Warum? ....
....

Name? ....
Warum? ....
....

Name? ....
Warum? ....
....

Name? ....
Warum? ....
....

Name? ....
Warum? ....
....

Name? ....
Warum? ....
....

17

Name? ....
Warum? ....
....

b Erkläre dann dein BINGO.

- *Ich habe Bingo, weil Rosa einen Marienkäfer als Glücksbringer hat,*
  weil Kurt einen Pulli als Glücksbringer hat,
  weil Elisa ein Schweinchen als Glücksbringer hat und
  weil Serena einen Ring von ihrer Oma als Glücksbringer hat.

interessant	ordentlich	sympathisch	fleißig
freundlich	ungesund	gefährlich	unpünktlich
fröhlich	langweilig	lustig	humorvoll
gesund	unfreundlich	ängstlich	faul
ernst	traurig	pünktlich	modern
chaotisch	fantasievoll	unsympathisch	ungefährlich
langsam	mutig	sportlich	fantasielos
humorlos	unsportlich	unmodern	schnell

Test: Lektion 1

Vorname .... Name ....

Klasse ....

Sprachbausteine

1 Welche Verbform ist korrekt? Kreuz bitte an. ➲ ____ / **5 Punkte**

1. Ich ______________ Emma.
a) heißt b) heißen c) heiße

2. Sie ______________ gern Tennis.
a) spielst b) spielt c) spiele

3. Markus ______________ aus Dortmund.
a) kommst b) komme c) kommt

4. Was ______________ du im Internet?
a) suchst b) suche c) sucht

5. Wer ______________ du?
a) bin b) ist c) bist

2 Was passt nicht in die Reihe? Streich es durch. ➲ ____ / **5 Punkte**

1. Guten Tag! o Grüß dich! o Guten Morgen! o Tschüss! o Hallo! o Guten Abend!
2. Internet o Passwort o Internetcafé o Klasse o Computer o Information
3. Sport o Deutschland o Computerspiele o Literatur o Musik o Party
4. Alter o Wohnort o Schüler o Vorname o Beruf o Familienname
5. er o sie o ja o du o ich o Sie

3 Verbinde bitte. Finde das Passwort. ➲ ____ / **5 Punkte**

1. Ich	ist Tobias. **A**
2. Das	danke! **Y**
3. Judit	spiele Fußball. **P**
4. Lukas	wohnt in Aachen. **T**
5. Sehr gut,	ist Schülerin. **R**

1.	**2.**	**3.**	**4.**	**5.**

Lesen

Lies die Anzeige. Welche Informationen gibt es im Text? Kreuz bitte an. ➲ ____ / **5 Punkte**

	ja	nein
1. Er heißt Konrad.		
2. Er ist Schüler.		
3. Er wohnt in Bonn.		
4. Er spielt Tennis.		
5. Er mag Musik.		

Hallo Freunde!!!
Mein Name ist Michi☺, Michael Roth (13),
und ich gehe in das Konrad-Duden-Gymnasium
in Bonn. Ich wohne auch hier, Waldstraße 4.
Ich interessiere mich für Computerspiele, Fußball
und Musik. Ich habe viele CDs. Ich spiele in einer
Band, ich bin Gitarrist. Ich suche E-Mail-Freunde!
Schreib an: michiroth@online.de
Tschüss!
Michi

Schreiben

Lies die Anzeige noch einmal. Schreib Michi eine Antwort. ➲ ____ / **10 Punkte**
Gib folgende Informationen an:

1. Wie heißt du?
2. Wie alt bist du?
3. Wo wohnst du?
4. Woher kommst du?
5. Was ist dein Hobby?

Lieber Michi,

____

____

____

____

Tschüss!

____

Du hast .... /30 Punkten erreicht.

0-14	15-18	19-22	23-26	27-30

Test: Lektion 2

Vorname .... Name ....

Klasse ....

Sprachbausteine

1 Wo passen die Wörter? Ergänze die Tabelle. ➲ ____ / **6 Punkte**

super ● blöd ● toll ● nicht gut ● langweilig ● interessant

☺	☹

2 Welche Antwort ist richtig? Kreuz bitte an. ➲ ____ / **5 Punkte**

1. Wie findest du Kunst?
   a) Gern. b) Nein. c) Okay.
2. Wann hast du Deutsch?
   a) Gut. b) Am Mittwoch. c) In Köln.
3. Ist das dein Wörterbuch?
   a) Ja. b) Danke. c) Cool.
4. Was ist im Rucksack?
   a) Ich habe Chemie. b) Sport. c) Mein Heft.
5. Wie geht's?
   a) Nein, danke. b) Danke, sehr gut. c) Tschüss!

3 Bilde Sätze. ➲ ____ / **6 Punkte**

1. Biologie ● sie ● wann ● hat?
   ____
2. uninteressant ● Chemie ● findet ● sie.
   ____
3. spiele ● gern ● Theater ● ich.
   ____
4. ist ● im ● Handy ● Rucksack ● mein.
   ____
5. Schultasche ● das ● ist ● deine?
   ____
6. kommt ● deine ● woher ● Freundin?
   ____

Lesen

Lies den Brief. Welche Information ist richtig, welche falsch? Kreuz bitte an. ➲ ____ / **5 Punkte**

	R	F
1. Miriam lernt Italienisch.		
2. Sie findet die Schule blöd.		
3. Am Mittwoch spielt sie Theater.		
4. Samstag mag sie nicht.		
5. Sie spielt am Dienstag Tennis.		

R = richtig F = falsch

Liebe Freunde!!!
Ich heiße Miriam (14), wohne in Passau (Deutschland) und finde meine Schule echt cool. Am Montag, am Dienstag und am Freitag habe ich Italienisch. Das ist mein Lieblingsfach. Ich lerne auch Deutsch und Englisch. Musik und Kunst mag ich sehr. Mein Hobby ist Theater. Jeden Mittwoch spiele ich in einer Theatergruppe. Sport finde ich auch ganz okay.
Am Donnerstag spiele ich Tennis mit meinen Freunden. Samstag ist voll super, da habe ich frei.
Ich surfe im Internet und schreibe viele E-Mails.
Ich habe viele Freunde in der ganzen Welt!
Schreibt mir bitte:
Miriam Schmitt, Kastnerstraße 4, 94032 Passau
Ciao!
Miriam

Schreiben

Ergänze den Antwortbrief an Miriam. Schreib über deine Schule und deine Fächer. ➲ ____ / **8 Punkte**

Hallo Miriam!

Ich heiße ________________ und ich bin ________________. Meine Schule ist ____________
und mein Stundenplan ist ______________. Am ______________ habe ich ________________.
Ich mag ______________ und ______________. ____________________ finde ich ____________.
Mein Lieblingsfach ist ______________. Wie findest du ______________?
Am Nachmittag spiele ich ______________. Ich ____________ und __________ gern. Was machst du gern?
Schreib bitte bald!
Tschüss!

____

Du hast ……. /30 Punkten erreicht.

0-14	15-18	19-22	23-26	27-30
☹	😐	~	☺	😄

Test: Lektion 3

Vorname .... Name ....

Klasse ....

Sprachbausteine

1 Welche Verbform ist korrekt? Kreuz bitte an. ➲ ___ / **5 Punkte**

1. Woher ____________________ ihr?
   a) kommst b) kommt c) kommen

2. Wir ________________ in München.
   a) wohne b) wohnst c) wohnen

3. __________ Sie 48 Jahre alt?
   a) Bist b) Seid c) Sind

4. Wir________________ viel.
   a) chattet b) chatten c) chattest

5. Was ____________________ Eva und Adam?
   a) zeichnen b) zeichnest c) zeichne

2 Schreib bitte die Zahlen. ➲ ___ / **5 Punkte**

15 ____________________

30 ____________________

52 ____________________

☐ vierzig

☐ fünfundsiebzig

3 Was passt zusammen? Verbinde bitte und schreib die Wörter auf. ➲ ___ / **5 Punkte**

1. Computer	A. Fach	____________________
2. Taschen	B. Heft	____________________
3. Deutsch	C. Lied	____________________
4. Geburtstag(s)	D. Rechner	____________________
5. Liebling(s)	E. Raum	____________________

Lesen

Lies die E-Mail. Welche Informationen sind richtig? Wähl aus und kreuz bitte an. ➲ ____ / 5 Punkte

Adresse:

Hi!!!
Ich bin Meike (13), ich komme aus Dortmund, aber ich wohne mit meiner Familie in Wien. Ich habe zwei Schwestern und einen Bruder. Meine Schwestern heißen Monika und Lisa. Sie sind 12 und 10 Jahre alt. Sie sind Schülerinnen. Mein Bruder Kai ist erst 2 und er ist noch mit meiner Mama zu Hause. Ich habe noch eine Oma Helene und einen Opa Walter. Die Großeltern haben viele Hobbys: Sport, Musik und Literatur. Sie singen und tanzen gern. Sie sind echt super. Wir machen viel zusammen. Ist deine Familie auch toll? Schreib mir bitte: meike@net.at
Tschüss!
Meike

1. Meike wohnt in
   a) Wien. b) Dortmund. c) Deutschland.
2. Sie hat
   a) drei Geschwister. b) keine Schwester. c) eine Schwester.
3. Meikes Bruder ist
   a) Schüler. b) zwei Jahre alt. c) heißt Walter.
4. Die Großeltern
   a) zeichnen gern. b) haben keine Hobbys. c) singen gern.
5. Meike findet Oma und Opa
   a) super. b) gut. c) cool.

Schreiben

Mach zuerst Notizen über dich und deine Familienmitglieder.
Schreib dann fünf Sätze über deine Familie. ➲ ____ / 10 Punkte

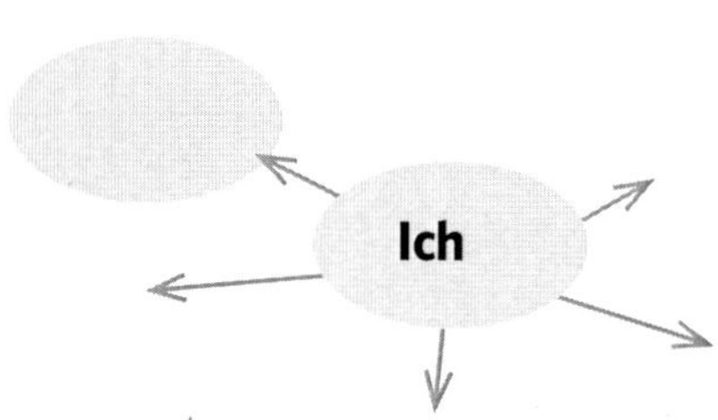

Ich bin ________________ und das ist meine Familie.
Mein ____
____
____
____
____

Du hast .... /30 Punkten erreicht.

0-14	15-18	19-22	23-26	27-30

Test: Lektion 4

Vorname .... Name ....

Klasse ....

Sprachbausteine

1 Wo passen die Wörter? Ordne bitte zu. ➲ ____ / **6 Punkte**

Rock • Hemd • T-Shirt • Jogginganzug • Mütze • Hose

der	das	die

2 Welche Antwort ist richtig? Kreuz bitte an. ➲ ____ / **4 Punkte**

1. Was machst du gern?
   a) Ich habe eine Mütze.
   b) Ich bin vierzehn.
   c) Ich fahre Inliner.

2. Hast du Geschwister?
   a) Am Sonntag.
   b) Ja, zwei Brüder.
   c) Ja, gern.

3. Hallo, wie geht's?
   a) Ganz gut, danke!
   b) Gern, danke!
   c) Nein, danke.

4. Was ist in deinem Kleiderschrank?
   a) Meine Oma ist 78.
   b) Meine Lieblingsjeans.
   c) Mein Freund Daniel.

3 Ergänze den Text mit passenden Verben aus dem Kasten. ➲ ____ / **5 Punkte**

lesen • fahren • sehen • laufen • sprechen • schlafen • essen

Mein Freund Georg wohnt in Kanada. Er ____________ Englisch und Französisch. Er ist sehr sportlich. Er mag Jeans und bunte T-Shirts. Er ____________ gern Fahrrad und ________ Schi. Er ________ auch viele Bücher. Am Sonntag ________ er lange. Wir treffen uns leider nicht oft, aber wir schreiben ganz viele E-Mails.

Lesen

Lies den Brief. Finde die richtige Reihenfolge. ➲ ____ / **5 Punkte**

	Ich bin ein sportlicher Typ. Meine Haare sind kurz und dunkel, meine Augen sind braun.
	Meine Lieblingskleidung ist eine grüne Hose, ein rotes T-Shirt und eine bunte Mütze. Ich finde bunte Mützen echt cool. Ich lese gern Comics und esse viel Schokolade.
	Liest du Comics auch gern? Bist du auch Hip-Hop-Fan? Schreib mir bitte! Jonas Mack, Nussgasse 7, A-5020 Salzburg. Ciao! Jonas
	Servus!!! Mein Name ist Jonas Mack. Ich gehe auf das Mozart-Gymnasium in Salzburg.
	Meine Hobbys sind Joggen, Fahrradfahren und Hip-Hop. Ich singe und tanze in einer Hip-Hop-Gruppe. Meine Freunde und ich, wir tragen verrückte Kleidung.

Schreiben

Das ist deine Freundin aus Österreich. ➲ ____ / **10 Punkte**
Beschreib sie kurz. Gib folgende Informationen an:

Name

Haare

Figur

Kleidung

Hobbys

Das ist meine Freundin ______________. ______________________________

____

____

____

____

Du hast .... /30 Punkten erreicht.

0-14	15-18	19-22	23-26	27-30
☹	😐	~	☺	😄

Test: Lektion 5

Vorname .... Name ....

Klasse ....

Sprachbausteine

1 Was passt zusammen? Verbinde bitte. ➲ ____ / **5 Punkte**

1. Es ist Viertel vor acht. — A. 13:00
2. Es ist zwanzig nach sieben. — B. 07:45
3. Es ist fünf vor halb zwölf. — C. 20:30
4. Es ist ein Uhr. — D. 07:20
5. Es ist halb neun. — E. 11:25

1.	**2.**	**3.**	**4.**	**5.**

2 Welcher Satz ist richtig? Kreuz bitte an. ➲ ____ / **4 Punkte**

1.

a) Stefan und Lisa haben eine Katze.

b) Stefan und Lisa haben einen Hund.

2.

a) Stefan hat einen Freund.

b) Stefan hat eine Freundin.

3.

a) Pablo und Laura sehen einen Film.

b) Pablo und Laura bestellen ein Eis.

4.

a) Valli backt einen Schokokuchen.

b) Valli macht ein Omelett.

3 Ergänze die Sätze. ➲ ____ / **5 Punkte**

1. Es ist schon 7 Uhr. Ich stehe ____________.
2. Der Matheunterricht fängt um 9.30 Uhr ____________.
3. Am Abend rufe ich Lisa ____________.
4. Sven und Beata gehen in die Disko. Ich gehe ____________.
5. Um 22 Uhr sehe ich ____________.

Lesen

Lies den Text. Ergänze dann die Angaben. ➲ ____ / **6 Punkte**

Ich bin Karin Scholz und gehe in die Klasse 6a im Robert-Schumann-Gymnasium in Leipzig. Meine Schule fängt um Viertel vor acht an. Jeden Tag stehe ich um sechs Uhr auf und fahre mit dem Bus in die Schule. Ich bleibe bis 16.00 Uhr in der Schule. Ich esse um 13 Uhr in der Schulmensa zu Mittag, denn am Nachmittag habe ich Musikunterricht. Jeden Tag spiele ich zwei Stunden Klavier. Am Abend mache ich Hausaufgaben und lerne. Ich gehe um 22 Uhr schlafen. Für meine Freunde habe ich keine Zeit. Ich treffe meine Clique erst am Wochenende. Habt ihr auch so wenig Zeit?

________ – aufstehen

________ – Schule fängt an

13 Uhr – ____________________

14.00–16.00 Uhr – ____________

18.00 Uhr – ____________

22.00 Uhr – ____________

Schreiben

Notiere deinen Tagesablauf. Schreib dann einen Text. ➲ ____ / **10 Punkte**

________ – ____________

________ – ____________

________ – ____________

________ – ____________

________ – ____________

____

____

____

____

____

____

Du hast .... /30 Punkten erreicht.

0-14	15-18	19-22	23-26	27-30

Test: Lektion 6

Vorname .... Name ....

Klasse ....

Sprachbausteine

1 Welche Verbform ist korrekt? Kreuz bitte an. ➲ ____ / **5 Punkte**

1. ______________ du am Sonntag früh aufstehen?
   a) müssen b) muss c) musst
2. Die Kinder ______________ hier Inliner fahren.
   a) darf b) dürfen c) dürft
3. Wie lange ______________ Sie am Samstag arbeiten?
   a) muss b) musst c) müssen
4. Hier ______________ du nicht telefonieren.
   a) dürft b) darfst c) darf
5. ______________ ihr einen Eiskaffee?
   a) möchte b) möchtest c) möchtet

2 Finde die Nomen und ordne zu. ➲ ____ / **3 Punkte**

toastorangensaftkuchenmineralwasserkaffeeeis

Essen	**Trinken**
1. ______________	1. ______________
2. ______________	2. ______________
3. ______________	3. ______________

3 Welche Antwort ist richtig? Kreuz bitte an. ➲ ____ / **4 Punkte**

1. Der Wievielte ist heute?
   a) Heute um sieben Uhr.
   b) Der zwölfte Fünfte.
   c) Heute ist Montag.
2. Wie lange bleibst du in der Schule?
   a) In 10 Minuten.
   b) Am Freitag.
   c) Von 8.00 bis 13.30 Uhr.
3. Was darf es sein?
   a) Guten Appetit!
   b) Ich möchte ein Stück Kuchen.
   c) Ja, gern!
4. Wann beginnt das Konzert?
   a) Um 20.00 Uhr.
   b) Von 7.20 bis 9.00 Uhr.
   c) Der dritte Zehnte.

Lesen

Lies den Text. Finde die richtige Reihenfolge. ➲ ____ / **6 Punkte**

Praktikum in einer Redaktion[1]

◯ Sie muss auch viele E-Mails schreiben und Briefe beantworten. Manchmal muss sie auch lange telefonieren. Vormittags liest sie Leserbriefe und nachmittags schreibt sie Artikel.

◯ Raffaela (18) arbeitet im Sommer als Redakteurin[2] bei einem Jugendmagazin.

◯ Die Arbeit fängt schon um 7.30 Uhr an. Sie sucht den ganzen Tag interessante oder wichtige Informationen im Internet.

◯ Von Montag bis Freitag muss sie sehr früh aufstehen. Zum Frühstück trinkt sie nur schnell einen Kaffee, dann muss sie in die Redaktion.

◯ In der Redaktion darf sie Musik hören, aber Volleyball darf sie nur im Park spielen ☺

◯ Raffaela findet die Arbeit in der Redaktion toll und sie macht alle Aufgaben gern, aber sie hat wenig Zeit für ihre Hobbys. Sie spielt gern Volleyball und Saxofon.

[1] die Redaktion: Abteilung in einem Verlag
[2] die Redakteurin: arbeitet in einer Redaktion

Schreiben

Schreib einen Leserbrief an das Jugendmagazin „Jugend Aktuell" über deine Probleme. ➲ ____ / **12 Punkte**
Gib folgende Informationen an:

Ich muss:	**Ich darf nicht:**	**Ich möchte:**
mein Zimmer aufräumen sehr viel lernen früh schlafen gehen	viele Freunde einladen laut Musik hören	eine Geburtstagsparty machen

Liebe Redaktion!

Ich habe ein Problem. ______________________________

____

____

____

______________________________ Könnt ihr helfen?

Du hast .... /30 Punkten erreicht.

0-14	15-18	19-22	23-26	27-30
☹	😐	〰	☺	😄

Test: Lektion 7

Vorname .... Name ....

Klasse ....

Sprachbausteine

1 Ordne die Ausdrücke der passenden Frage zu. ➲ ____ / **6 Punkte**

Sportfest ● im Mai ● im Eiscafé ● Geburtstag ● in Bonn ● am 12. Dezember

Wann?	Was?	Wo?

2 Welche Antwort passt? Kreuz bitte an. ➲ ____ / **4 Punkte**

1. Was ziehst du an?
   a) einen Rock b) eine Rock c) ein Rock

2. Wen lädst du ein?
   a) mein Opa b) meinen Opa c) meine Opa

3. Was organisiert ihr?
   a) ein Schulfest b) eine Schulfest c) einen Schulfest

4. Wen rufst du an?
   a) dich b) du c) dir

3 Bilde Sätze. ➲ ____ / **5 Punkte**

1. uns ● du ● anrufen ● kannst ● ?
____
2. ich ● lade ● ein ● zum ● dich ● Sommerfest ● .
____
3. bitte ● pünktlich ● komm ● !
____
4. auf ● das ● Klassenzimmer ● räumt ● !
____
5. CDs ● meine ● ich ● mitbringen ● kann ● ?
____

Lesen

Lies das Plakat. Beantworte dann die Fragen. ➲ ____ / **5 Punkte**

Hey du!!!

Wir, die Klasse 7b, wollen ein Frühlingsfest machen. Wir suchen Leute, die mitmachen. Das Fest ist am 21. März im Sportstadion. Kannst du singen und tanzen? Magst du malen, basteln und fotografieren? Spielst du ein Instrument? Kannst du kochen oder backen? Wir wollen ein interessantes Programm. Hast du Ideen? Dann mach mit in unserem Frühlingsteam! Deine Freunde dürfen auch mitkommen. Treffpunkt: Schulhof, am Donnerstag, den 19. März.

Du kannst uns eine SMS oder eine E-Mail schreiben.
Melde dich unter: 711532450 oder
freeteam@frico.com

Bis bald!

Dein Frühlingsteam

1. Wer organisiert etwas?
   ____
2. Was organisieren sie?
   ____
3. Wann?
   ____
4. Wo?
   ____
5. Was möchten sie machen?
   ____
   ____

Schreiben

Schreib eine Einladung. Gib folgende Informationen an: ➲ ____ / **10 Punkte**

1. Du lädst Florian ein.
2. Du möchtest eine Geburtstagsparty machen.
3. Du hast am 12. Mai Geburtstag.
4. Die Party ist am 13. Mai.
5. Du wohnst in Linz, Donauweg 3.

EINLADUNG

Liebe(r) ____________________

____

____

____

Dein(e) ________________

Du hast .... /30 Punkten erreicht.

0-14	15-18	19-22	23-26	27-30
☹	😐	😕	🙂	😄

8

Test: Lektion 8

Vorname .... Name ....

Klasse ....

Sprachbausteine

1 Welche Reaktion ist richtig? Kreuz bitte an. ____ / **4 Punkte**

1. Der Rock ist total billig!
   a) Den nehme ich. b) Die nehme ich. c) Das nehme ich.
2. Wie findest du die Hose?
   a) Der ist ganz okay. b) Die ist ganz okay. c) Die sind ganz okay.
3. Der Rucksack ist echt cool!
   a) Die ist aber zu teuer. b) Der ist aber zu teuer. c) Den ist aber zu teuer.
4. Gefällt dir das T-Shirt?
   a) Ja, die möchte ich haben. b) Ja, den möchte ich haben. c) Ja, das möchte ich haben.

2 Ergänze die Sätze mit den Verben aus dem Kasten. ____ / **6 Punkte**

vergessen • erzählen • verstehen • gefallen • besuchen • bekommen

1. Am Wochenende ____________ ich meine Oma.
2. ____________ du den Text?
3. Eric ____________ zum Geburtstag ein Handy.
4. Ich ____________ oft mein Deutschbuch.
5. Mein Opa ____________ viele Geschichten.
6. Der Pullover ____________ mir nicht.

3 Was passt zusammen? Verbinde bitte. ____ / **5 Punkte**

1. Barbara möchte eine Kamera haben, A. aber keinen Hip-Hop.
2. Das Handy ist cool B. und lerne hier Deutsch.
3. Nimmst du einen Toast C. und es hat eine Kamera.
4. Ich komme aus Italien D. oder einen Kuchen?
5. Frau Berg mag Musik, E. aber sie ist zu teuer.

1.	**2.**	**3.**	**4.**	**5.**

Lesen

Lies die SMS von Susi. Welche Informationen sind richtig, welche falsch? Kreuz bitte an. ➲ ____ / **5 Punkte**

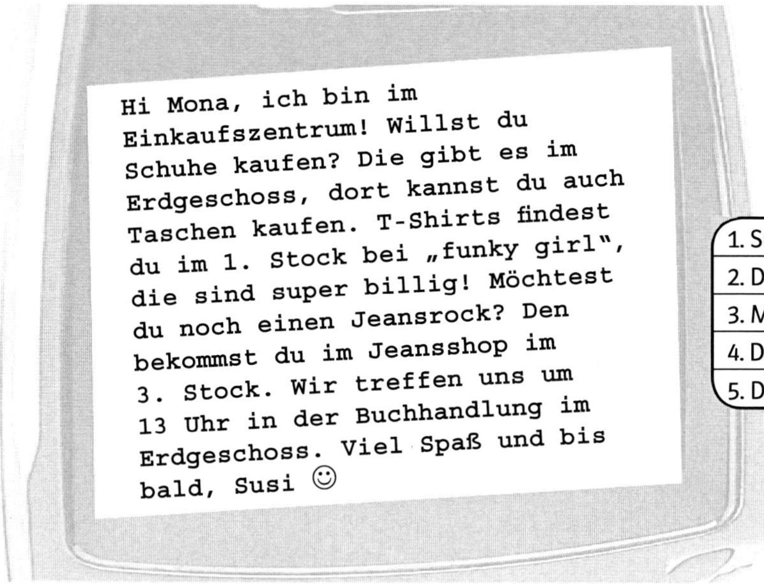

	R	F
1. Susi ist im Einkaufszentrum.		
2. Dort gibt es keine Buchhandlung.		
3. Mona möchte eine Kamera kaufen.		
4. Das Schuhgeschäft ist im ersten Stock.		
5. Die T-Shirts sind billig.		

Schreiben

Schreib einen kurzen Text zum Thema Mein Taschengeld. Gib folgende Informationen an: ➲ ____ / **10 Punkte**

1. Wie viel Taschengeld bekommst du?
2. Wofür gibst du das Geld aus?
3. Was kaufst du gern?
4. Wofür sparst du?
5. Was möchtest du kaufen?

Mein Taschengeld

____

____

____

____

____

____

Du hast .... /30 Punkten erreicht.

0-14	15-18	19-22	23-26	27-30

Test: Lektion 9

Vorname .... Name ....

Klasse ....

Sprachbausteine

1 Welcher Satz ist richtig? Kreuz bitte an. ➲ ____ / **4 Punkte**

1. a) Die Poster hängen an der Tür.
   b) Die Poster hängen an der Wand.

2. a) Die Pflanze steht neben dem Sessel.
   b) Die Pflanze steht am Fenster.

3. a) Der Computer steht auf dem Schreibtisch.
   b) Der Computer steht auf dem Regal.

4. a) Der Sessel steht neben der Tür.
   b) Der Sessel steht in der Ecke.

2 Finde die Wörter. Ergänze die Tabelle. ➲ ____ / **3 Punkte**

fernseherfensterteppichbetttürwand

der	das	die

3 Bilde Sätze. ➲ ____ / **5 Punkte**

1. spielen • Jugendzentrum • ich • im • Billard • kann

____

2. Bett • CDs • liegen • dem • meine • unter

____

3. und • wohnen • Familie • am • Rudolf • Stadtrand • seine

____

4. und • das • Bett • dem • steht • Bücherregal • zwischen • Wand • der

____

5. können • surfen • 18.00 • bis • von • wir • Internet • 22.00 • Uhr • im

____

Lesen

Lies die E-Mail von Richard. Welche Informationen sind richtig, welche falsch? Kreuz an. ➲ ____ / **8 Punkte**

Adresse:

Lieber Jan,
ich studiere jetzt in Leipzig und wohne bei meinen Großeltern im Stadtzentrum. Zur Universität fahre ich mit dem Fahrrad. Die Wohnung ist nicht groß, aber ich habe ein Zimmer nur für mich allein. Das finde ich echt super. Ich muss es nicht mit meiner Schwester teilen. Ich kann machen, was ich will: nachts Bücher lesen, ganz laut Musik hören und meine Lieblingsposter an die Wand hängen. Auf meinem Schreibtisch, neben dem PC, liegen immer viele Bücher. Ich habe natürlich ein Regal, aber dort stehen meine CDs und mein CD-Player. Mein Zimmer gefällt mir sehr. Hast du auch ein eigenes Zimmer? Schreib mir bitte bald.
Dein Richard

	R	F
1. Richard hat ein eigenes Zimmer.		
2. Die Großeltern wohnen in Leipzig.		
3. Die Wohnung ist groß.		
4. Die Wohnung liegt im Stadtzentrum.		

	R	F
5. Richard darf nicht laut Musik hören.		
6. Der PC steht auf dem Regal.		
7. Die Bücher liegen auf dem Schreibtisch.		
8. Richard findet das Zimmer toll.		

Schreiben

Schreib deinem Freund / deiner Freundin aus Deutschland einen Brief. ➲ ____ / **10 Punkte**
Gib folgende Informationen an:

1. Wo wohnst du?
2. Hast du ein eigenes Zimmer?
3. Was gibt es in deinem Zimmer?
4. Wo stehen die Möbel? (ein paar Beispiele)
5. Wie findest du dein Zimmer?

Liebe(r)

____

____

____

____

____

Bis bald
Dein(e) ____________

Du hast .... /30 Punkten erreicht.

0-14	15-18	19-22	23-26	27-30
☹	😐	~	🙂	😀

Test: Lektion 10

Vorname .... Name ....

Klasse ....

Sprachbausteine

1 Ordne die Ausdrücke der passenden Frage zu. ➲ ___ / **5 Punkte**

auf dem Campingplatz ● an einen Fluss ● nach Deutschland ● im Hotel ● in Wien

Wohin?	**Wo?**

2 Was passt zusammen? Verbinde bitte. ➲ ___ / **5 Punkte**

1. Wir haben viele Fotos
2. Wir haben sehr gut
3. Greta hat zehn Postkarten
4. Ich bin in den Ferien viel
5. Leo hat den neuen Film schon

A. gegessen.
B. geschrieben.
C. gemacht.
D. gesehen.
E. gewandert.

1.	**2.**	**3.**	**4.**	**5.**

3 Ergänze den Text mit den passenden Verben im Perfekt. ➲ ___ / **5 Punkte**

machen ● kochen ● wandern ● schreiben ● essen ● wohnen ● singen ● fahren

Meine Familie ist im Sommer nach Zermatt (Schweiz) ________________. Wir haben in einem Berghotel ______________. Das Essen war lecker. Wir sind jeden Tag fünf Stunden ________________ und haben die schöne Natur erlebt. Wir sind auch auf Felsen geklettert. Abends haben wir ein Lagerfeuer ________________ und Käsefondue ________________. Wir hatten viel Spaß und möchten bald wieder in die Schweiz fahren.

Lesen

Lies die Informationen im Prospekt.
Welche Informationen sind richtig, welche falsch? Kreuz bitte an. ➲ ____ / **5 Punkte**

Willkommen im Jugendhotel „Rheingold"!

Das Jugendhotel liegt direkt am Rhein. Das Stadtzentrum ist ca. 15 Gehminuten entfernt. In unserem Hotel gibt es 158 Betten in 4- und 6-Bettzimmern mit Dusche und WC, einen Computerraum, einen Tischtennis- und Billardraum und einen Fitnessraum. Im Haus gibt es auch Kabel-TV und einen Videorecorder. Der Tennisplatz, der Volleyballplatz und das Schwimmbad sind täglich von 7 bis 21 Uhr geöffnet. Für Diskoabende können wir Ihnen einen großen Mehrzweckraum zur Verfügung stellen. Es gibt also viele Möglichkeiten für Sport und Spiel. Die Wälder laden zu schönen Spaziergängen und Fahrradtouren ein. Wir freuen uns auf Familien, Schulklassen, Wandergruppen und andere Sportgruppen.

	R	F
1. Das Jugendhotel liegt im Stadtzentrum.		
2. Das Hotel hat 158 Zimmer.		
3. Das Hotel hat einen Tennisplatz.		
4. Die Disko ist täglich von 7 bis 21 Uhr.		
5. Das Hotel lädt auch Familien ein.		

Schreiben

Deine Klasse hat einen Ausflug gemacht. Schreib einen Bericht für die Schülerzeitung. ➲ ____ / **10 Punkte**
Benutze folgende Ausdrücke im Perfekt.

nach Deutschland fahren • im Jugendhotel wohnen • die Stadt München sehen • eine Stadtrallye machen • das Deutsche Museum sehen • im Englischen Garten spielen • Spaß machen: der Ausflug auf die Zugspitze

Unsere Klassenfahrt

____

____

____

____

____

____

____

Bericht von: ____________________

Du hast .... /30 Punkten erreicht.

0-14	15-18	19-22	23-26	27-30
☹	😐	〰	☺	😄

Test: Lektion 11

Vorname .... Name ....

Klasse ....

Sprachbausteine

1 *Sollen* oder *können*? Ergänze die Sätze mit dem passenden Modalverb ➲ ___ / **6 Punkte**

1. Karin ist immer müde. Sie ____________ mehr schlafen.
2. Jörg und David ____________ sehr gut schwimmen. Sie sind die besten in der Klasse.
3. Klettern ____________ gefährlich sein.
4. Ich ____________ noch nicht Schi fahren. Was ____________ ich machen?
5. Du ____________ einen Schikurs machen.

2 Welche Form ist richtig? Kreuz bitte an. ➲ ___ / **5 Punkte**

1. Wie fühlst du ____________ heute?

a) sich b) mich c) dich

2. Wir treffen ____________ um 18.00 Uhr, okay?

a) sich b) uns c) euch

3. Alle Sportler ernähren ____________ gesund.

a) dich b) euch c) sich

4. Ihr bewegt ____________ zu wenig.

a) euch b) sich c) uns

5. Wie fühlen Sie ____________, Frau Kern?

a) dich b) euch c) sich

3 Welche Antwort passt? Verbinde bitte. ➲ ___ / **4 Punkte**

1. Wie lange siehst du fern?
2. Wie oft fährst du Inliner?
3. Um wie viel Uhr gehst du schlafen?
4. Wann stehst du auf?

A. Um 22.00 Uhr.
B. Drei Stunden.
C. Sehr früh.
D. Manchmal.

1.	2.	3.	4.

Lesen

Lies die Fragen der Jugendlichen an eine Ernährungsexpertin. ➲ ____ / **5 Punkte**
Ordne die Antworten den Fragen zu. Trage die Lösung in die Tabelle ein.

1. Morgens fühle ich mich immer so schlapp und kraftlos. Was kann ich machen?
2. Ich kann morgens noch nichts essen. Soll ich trotzdem frühstücken?
3. Meine Schwester trinkt vor der Schule immer nur Kakao. Reicht das?
4. Wie soll ich mich als Schifahrerin ernähren?
5. Ich frühstücke immer Toast mit Marmelade, ist das als Frühstück okay?

A. Da das Kakao-Frühstück keine vollständige Mahlzeit ist, sollte deine Schwester auf jeden Fall ein Pausenbrot mitnehmen. Es kann ein Vollkornbrot-Sandwich mit Butter und Käse sein.

B. Ja, aber du kannst deinen Toast manchmal auch mit einer Portion Müsli mit Milch oder Joghurt und Obst ergänzen.

C. Für diese Sportart gibt es keine speziellen Regeln bei der Ernährung. Du sollst Nudeln, Kartoffeln und Fleisch essen, dazu auch viel Salat. Das ist für Sportler wichtig.

D. Hör auf die Signale deines Körpers und frühstücke, wenn du hungrig bist. Auf jeden Fall sollst du nach dem Aufstehen etwas trinken. Das kann ein Kakao oder ein Glas Orangensaft sein.

E. Morgengymnastik, eine kalte Dusche und ein leichtes Frühstück machen dich richtig fit und geben dir viel Energie für den ganzen Tag.

1.	2.	3.	4.	5.

Schreiben

Dein Freund / Deine Freundin treibt Sport und lernt viel. ➲ ____ / **10 Punkte**
Welches Frühstück ist für ihn / sie am besten?
Schreib fünf Fit-Tipps.

Tipp 1 Er / Sie soll ____________________

Tipp 2 ____________________

Tipp 3 ____________________

Tipp 4 ____________________

Tipp 5 ____________________

Du hast .... /30 Punkten erreicht.

0-14	15-18	19-22	23-26	27-30

Test: Lektion 12

Vorname .... Name ....

Klasse ....

Sprachbausteine

1 Ergänze die Sätze mit dem passenden Pronomen aus dem Kasten. ➲ ___ / **5 Punkte**

mir • ihnen • uns • ihr • dir • euch • ihm

1. Ich habe gestern Peter getroffen und habe __________ das Deutschbuch gegeben.
2. Am Montag war ich bei Monika. Sie hat __________ die Fotos aus Australien gezeigt.
3. Meine Freundin hat bald Geburtstag. Ich schenke __________ einen Glücksbringer.
4. Luise und Andreas haben mir eine Mail geschrieben. Ich muss __________ schnell antworten.
5. Im Mai waren wir in Berlin. Die Stadt hat __________ sehr gut gefallen.

2 *Weil* oder *dass*? Trag bitte ein. ➲ ___ / **6 Punkte**

Mein Bruder Rolf bleibt heute zu Hause, ________ er sein Zimmer aufräumen muss. Er hofft, ________ ich ihm helfe!

Ich sammle kleine Engel, ________ ich sie schön finde. Ich glaube, ________ sie mir Glück bringen.

Man soll viel Obst und Gemüse essen, ________ sie viele Vitamine haben und ________ es gesund ist.

3 Was gehört wem? Trag die richtigen Nomen und Endungen ein. ➲ ___ / **4 Punkte**

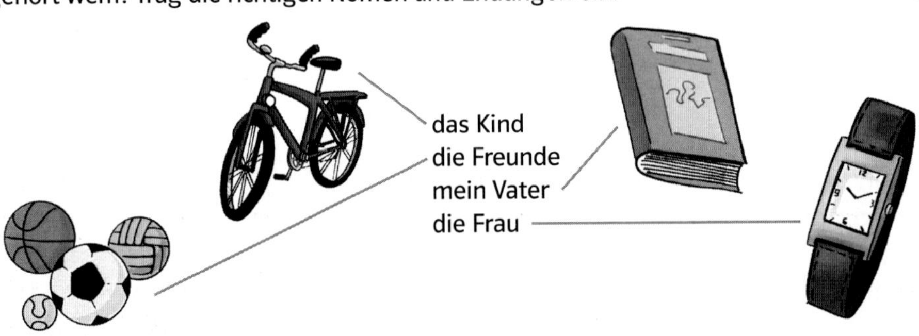

Das __________ gehört mein______ Vater. Die __________ gehört de______ Frau.

Das __________ gehört de______ Kind. Die __________ gehören de______ Freunden

Lesen

Lies die Aussagen zum Thema „Deine Glücksbringer". ➲ ____ / **5 Punkte**
Welche Informationen sind richtig, welche falsch? Kreuz bitte an.

Susanne (14)
Letzte Woche habe ich einen Test in Mathe geschrieben. Am Abend vor dem Mathetest ist mir ein Cent aus meinem Geldbeutel gefallen. Den habe ich dann zu meiner Prüfung mitgenommen und er hat mir ganz viel Glück gebracht!!! Den nehme ich jetzt immer mit.

Ronnie (15)
Mein Glücksbringer ist eine Kette mit drei chinesischen Zeichen darauf. Ich hab sie vor vier Jahren von meiner Oma bekommen. Seitdem habe ich die Kette immer an, nur beim Schulsport ziehe ich sie aus. Die Kette hat mir schon oft Glück gebracht. Ich bin froh, dass ich die Kette als Glücksbringer habe.

	R	F
1. Ronnie und Susanne haben keine Glücksbringer.		
2. Ein Cent hat Susanne Glück gebracht.		
3. Ronnie hat eine Kette von seinem Großvater bekommen.		
4. Susanne hat auf der Straße einen Cent gefunden.		
5. Ronnie hat seine Kette auch im Sportunterricht an.		

Schreiben

Lies die Aussagen von Susanne und Ronnie noch einmal und schreib dann fünf Sätze über deine Glücksbringer. ➲ ____ / **10 Punkte**

____

____

____

____

____

____

____

____

____

Du hast .... /30 Punkten erreicht.

0-14	15-18	19-22	23-26	27-30
☹	😐	~	☺	😀

Lösungsschlüssel zu den Tests

Test: Lektion 1

Sprachbausteine

1 1. c; 2. b; 3. c; 4. a; 5. c

2 1. Tschüss!; 2. Klasse; 3. Deutschland; 4. Schüler; 5. ja

3 1. Ich spiele Fußball. 2. Das ist Tobias. 3. Judit ist Schülerin. 4. Lukas wohnt in Aachen. 5. Sehr gut, danke! (*Lösungswort:* PARTY)

Lesen

ja: 2, 3, 4, 5, 7; nein: 1, 6

Test: Lektion 2

Sprachbausteine

1 ☺ super, toll, interessant; ☹ blöd, nicht gut, langweilig

2 1. c; 2. b; 3. a; 4. c; 5. b

3 1. Wann hat sie Biologie? 2. Sie findet Chemie uninteressant. / Chemie findet sie uninteressant. 3. Ich spiele gern Theater 4. Mein Handy ist im Rucksack. 5. Ist das deine Schultasche? 6. Woher kommt deine Freundin?

Lesen

richtig: 1, 3; falsch: 2, 4, 5

Schreiben

Zum Beispiel: Ich heiße <u>Maria</u> und ich bin <u>14 Jahre (alt)</u>. Meine Schule ist <u>super</u> und mein Stundenplan ist <u>ganz okay</u>. <u>Am Mittwoch</u> habe ich Sport. Ich mag <u>Englisch</u> und <u>Kunst</u>. <u>Physik</u> finde ich <u>langweilig</u>. Mein Lieblingsfach ist <u>Sport</u>. Wie findest du <u>Sport</u>?
Am Nachmittag <u>spiele ich Basketball</u>. Ich <u>schwimme</u> und <u>turne</u> gern. Was machst du gern? Schreib bitte bald! Tschüss! <u>Maria</u>

Test: Lektion 3

Sprachbausteine

1 1. b; 2. c; 3. c; 4. b; 5. a

2 fünfzehn; 40; dreißig; 75; zweiundfünfzig

3 1. Computerraum; 2. Taschenrechner; 3. Deutschheft; 4. Geburtstagslied; 5. Lieblingsfach

Lesen

1. a; 2. a; 3. b; 4. c; 5. a

Test: Lektion 4

Sprachbausteine

1 der: Rock, Jogginganzug; das: T-Shirt, Hemd; die: Hose, Mütze

2 1. c; 2. b; 3. a; 4. b

3 spricht; fährt; läuft; liest; schläft

Lesen

2; 4; 5; 1; 3

Test: Lektion 5

Sprachbausteine

1 1. B; 2. D; 3. E; 4. A; 5. C

2 1. b; 2. a; 3. b; 4. a

3 1. auf; 2. an; 3. an; 4. mit; 5. fern

Lesen

6.00 – aufstehen; 7.45 – Schule fängt an; 13 Uhr – Mittagessen; 14.00–16.00 – Klavier / Musikunterricht; 18 Uhr – Hausaufgaben; 22 Uhr – schlafen gehen

Test: Lektion 6

Sprachbausteine

1 1. c; 2. b; 3. c; 4. b; 5. c

2 Essen: Toast, Kuchen, Eis; Trinken: Orangensaft, Mineralwasser, Kaffee

3 1. b; 2. c; 3. b; 4. a

Lesen

4, 1, 3, 2, 6, 5

Test: Lektion 7

Sprachbausteine

1 Wann? im Mai, am 12. Dezember; Was? Sportfest, Geburtstag; Wo? im Eiscafé, in Bonn

2 1. a; 2. b; 3. a; 4. a

3 1. Kannst du uns anrufen? 2. Ich lade dich zum Sommerfest ein. 3. Komm bitte pünktlich! 4. Räumt das Klassenzimmer auf! 5. Kann ich meine CDs mitbringen?

Lesen

1. die Klasse 7b; 2. ein Frühlingsfest; 3. am 21. März; 4. im Sportstadion; 5. ein interessantes Programm / singen, tanzen, malen, basteln, fotografieren, ein Instrument spielen, kochen, backen

Schreiben

Zum Beispiel: Lieber Florian, ich mache eine Geburtstagsparty! Ich möchte dich einladen. Ich habe am 12. Mai Geburtstag und die Party ist am 13. Mai. Ich wohne in Linz, Donauweg 3. Wir tanzen, hören Musik und spielen. Ich hoffe, du kannst kommen!
Dein(e) ...

Test: Lektion 8

Sprachbausteine

1 1. a; 2. b; 3. b; 4. c

2 1. besuche; 2. Verstehst; 3. bekommt; 4. vergesse; 5. erzählt; 6. gefällt

3 1. E; 2. C; 3. D; 4. B; 5. A

Lesen

richtig: 1, 5; falsch: 2, 3, 4

Test: Lektion 9

Sprachbausteine

1 1. b; 2. a; 3. a; 4. b

2 der: Fernseher, Teppich; die: Tür, Wand; das: Fenster, Bett

3 1. Ich kann im Jugendzentrum Billard spielen. / Im Jugendzentrum kann ich Billard spielen. 2. Meine CDs liegen unter dem Bett. 3. Rudolf und seine Familie wohnen am Stadtrand. 4. Das Bett steht zwischen dem Bücherregal und der Wand. / Das Bücherregal steht zwischen dem Bett und der Wand. 5. Wir können von 18.00 bis 22.00 Uhr im Internet surfen.

Lesen

richtig: 1, 2, 4, 7, 8; falsch: 3, 5, 6

Test: Lektion 10

Sprachbausteine

1 Wohin? an einen Fluss, nach Deutschland; Wo? auf dem Campingplatz, im Hotel, in Wien

2 1. C; 2. A; 3. B; 4. E; 5. D

3 gefahren; gewohnt; gewandert; gemacht; gegessen

Lesen

richtig: 3, 5; falsch: 1, 2, 4

Test: Lektion 11

Sprachbausteine

1 1. soll; 2. können; 3. kann; 4. kann, soll, kannst / sollst

2 1. c; 2. b; 3. c; 4. a; 5. c

3 1. B; 2. D; 3. A; 4. C

Lesen

1. E; 2. D; 3. A; 4. C; 5. B

Schreiben

Zum Beispiel: Er / Sie soll viel Obst essen, Obstsaft / Milch trinken, Müsli essen, sich gesund ernähren, viel schlafen, an die frische Luft gehen.

Test: Lektion 12

Sprachbausteine

1 1. ihm; 2. mir; 3. ihr; 4. ihnen; 5. uns

2 1. weil, dass; 2. weil, dass; weil, weil

3 Das Buch … meinem Vater; Die Uhr … der Frau; Das Fahrrad … dem Kind; Die Bälle … den Freunden

Lesen

richtig: 2; falsch: 1, 3, 4, 5

Bildquellen

S. 104.1-2: MEV, Augsburg • S. 104.3: Ingram Publishing, Tattenhall Chester • S. 104.4-5: Klett-Archiv, Stuttgart • 104,6-15: MEV, Augsburg • S. 104.16: Klett-Archiv, Stuttgart • S. 108.1: MEV, Augsburg • S. 108.2: Otto Versand, Hamburg • S. 108.3-5: MEV, Augsburg • S. 108.6-13: Klett-Archiv, Stuttgart • S. 108.14: MEV, Augsburg • S. 108.15: Klett-Archiv, Stuttgart • S. 108.16: Getty Images, München • S. 108.17-19: MEV, Augsburg • S. 108.20: Klett-Archiv, Stuttgart • S. 108.21-22: MEV, Augsburg • S. 108.23: Klett-Archiv, Stuttgart • S. 108.24-28: MEV, Augsburg • S. 115.3,4-5: Klett-Archiv, Stuttgart • S. 118.1,6: Klett-Archiv, Stuttgart • S. 124.2: Klett-Archiv, Stuttgart • S. 133: Klett-Archiv, Stuttgart • S. 134.1-3: Klett-Archiv, Stuttgart • S. 134.4: Klett-Archiv (Fotostudio Leupold), Stuttgart • S. 142: Klett-Archiv, Stuttgart • S. 148.1: JupiterImages (RF/photos.com), Tucson, AZ • S. 148.2: iStockphoto (Logan), Calgary, Alberta • S. 148.3: Klett-Archiv (Renate Weber), Stuttgart • S. 149.1: Shutterstock.com, RF/Duplass • S. 149.2: Shutterstock.com, Aurelio.